人生

张瑞◎主编

中庸

人生智慧

64个

广东旅游出版社

GUANGDONG TRAVEL & TOURISM PRESS

悦读书·悦旅行·悦享人生

中国·广州

图书在版编目（CIP）数据

《中庸》64个人生智慧 / 张瑞主编. — 广州：广东旅游出版社，2017.8（2024.8重印）

ISBN 978-7-5570-1010-2

Ⅰ.①中… Ⅱ.①张… Ⅲ.①《中庸》－人生哲学－通俗读物 Ⅳ.①B222.1-49

中国版本图书馆CIP数据核字（2017）第130888号

《中庸》64个人生智慧
《ZHONG YONG》64 GE REN SHENG ZHI HUI

出 版 人 刘志松
责任编辑 李 丽
责任技编 冼志良
责任校对 李瑞苑

广东旅游出版社出版发行

地　　址 广东省广州市荔湾区沙面北街71号首、二层
邮　　编 510130
电　　话 020-87347732（总编室）　020-87348887（销售热线）
投稿邮箱 2026542779@qq.com
印　　刷 三河市腾飞印务有限公司
　　　　　　（地址：三河市黄土庄镇小石庄村）
开　　本 710毫米×1000毫米 1/16
印　　张 14
字　　数 178千
版　　次 2017年8月第1版
印　　次 2024年8月第2次印刷
定　　价 59.80元

本书若有倒装、缺页影响阅读，请与承印厂联系调换，联系电话 0316-3153358

　　《中庸》是我国儒家的重要哲学经典之一，是一部含有深刻哲理的重要古代思想文献，通常被认为是孔子的孙子子思所著。它原来是《礼记》中的一篇，宋代的朱熹把《中庸》从《礼记》四十九篇中分割出来，与《大学》《论语》《孟子》合在一起，使它成为"四书"之一。它的内容主要是发挥和贯通了孔子"中庸"的思想。"中"就是不偏不倚，"庸"就是常。

　　以"中庸"为名就是启发人们在思想上要不偏不倚，在行为上要不走极端，无不及亦无过之。其中也体现了儒家关于修身、治国、处世等方面的伦理道德思想。同时，《中庸》一书还希望人们以"至诚"的态度不断进行道德修养，以达到自我完善的境界。

　　中国传统文化博大精深，"中庸"思想作为中国传统文化的一个重要方面，极富哲学内涵。"中庸"思想体现了事物自身的内在规律，反映在人的思维方式和行为活动上，对于人类进步和社会发展起着不可替代的作用。

　　秉承中庸做人的哲学，身上就少了些火气，多了些和气。中国有句俗话叫以和为贵，贵就贵在它能为你营造一个健康良性的生存环境。中庸是一种做人哲学，更是一种成事的智慧。本书讲述中庸之道在生活、社交中如何正确运用，才能透彻地领悟中庸做人的哲学，进而让人生的路左右逢源，处处和谐圆融。

　　中国传统文化博大精深，关于如何建设社会秩序，如何让人们和谐相处，这是先贤哲士们殚思极虑思考与探索的问题，并涌现出了诸多理论，而儒家所提倡的中庸之道即是把事物的两个极端联系起来，遵循适度原则。因此，

《中庸》
64个人生智慧

可以把中庸的高明之处理解为寻求社会平衡、人生平衡、内心平衡的智慧。

本书结合"中庸"的思想理念，从修身养性、为人处世、交际应酬等方面将其中有现实意义的部分用现代人的眼光重新诠释，取其精华，去其糟粕，找出了与现代社会、现代人相关的共通点。

目 录
MULU

《中庸》
64个人生智慧

目　录

《中庸》
64个人生智慧

　　《中庸》是一篇论述儒家人性修养的散文，是一部儒家学说经典论著。经北宋程颢、程颐极力尊崇，南宋朱熹作《中庸集注》，最终和《大学》《论语》《孟子》并称为"四书"。《中庸》提出的"五达道""三达德""慎独自修""至诚尽性"等内容，对为人处世、人性修养有重要影响，能指导形成正确的人生观及价值观。

智慧 01
"中庸之道" 的现代意义

提倡 "中庸之道" 似乎有点不合时宜，因为这一思想曾一度被认为是一种处世圆滑、态度暧昧、明哲保身的处世哲学而遭受人们的大肆批判。其实，从 "中庸" 思想的本意看，它并不是 "奸猾"，置仁义于不顾，为保全自己而明哲保身，而是一种至高无上的德行和智慧。

何谓中庸呢？孔子认为 "中庸" 即为 "中和"。孔子说，"中" 是有喜怒哀乐之情而未表现出来；"和" 是感情表达时合乎节度。"中"，是天下事物的根本；"和"，是天下遵循的通则。如果人们能达到中和的境界，那么，天地间的一切就会各得其所，万物也就顺其自然了。

凡事，取乎中，是应付时代和任何事情的良方。中是不偏不倚，不左倾也不右斜的。非中则不能正，非正则不能稳，非稳则不能久。人生处世的要点，就在于 "执中致和"。传说，远古时期的舜帝就是一个善于遵循 "中庸之道" 的智者，他不仅善于听取别人的意见，同时又能加以审视，扬其善，隐其恶，取其中，而施行于民，从而使天下化而治之。治理朝政者若能采用 "中庸之道"，就可以处于无为而治的自由境地，避免过于专制，过于偏激，过于依恃，表面看似愚拙，内心里却实在是一种智慧，一种明亮。

孔子对 "中庸" 的评价甚高，他认为这是一种至高无上的德行，几乎没有什么东西能够超过它，若能把握中庸的道理，就达到了至高无上的境界。但是，一般人又很少能做到这一点。这是为什么呢？主要是因为："知者过之，愚者不及也。"这就是说：聪明的人过于聪明，认为它不值得去实行，而愚蠢的人又理解不了。君子和小人在这方面表现就截然不同。君子的所作所为都合乎中庸之道，而小人的所作所为都违反中庸之道。君子之所以能合乎中庸之道，是因为君子能时时居于中，不过亦无不及；而小人之所以违背中庸之道，是因为小人对什么都太在乎或肆无忌惮，不知也不遵循中庸的道理。孔子深知"中庸之道"不是谁都能明白的，也不是常人所能做到的，只有那些有修养的君子才能够坚守。

在市场经济条件下，价值导向容易使人们急功近利，追求表面的外在的东西。而两极对立的思维方式又容易使人们往往简单地理解矛盾的两个方面。对满足、成功、富贵、权力等，总是期望达到顶峰，人人在我脚下才好，而对空虚、失败、贫穷、低下等，则唯恐降临自己身上。这样，他们处高位不觉得满足，处低位一蹶不振。这两个极端都不会使人安宁和快乐，并且，对位高者而言，他们难以守成，很快会转入低下；而对位低者而言，他们欲速不达。结果是成功也好失败也罢，一切都处在不安与失意之中。他们所缺乏的正是先哲提出并加以践行的"中庸"智慧。

《中庸》上说："喜怒哀乐之未发，谓之中；发而皆中节，谓之和。中也者，天下之大本也；和也者，天下之达道也。致中和，天地位焉，万物育焉。"意思是说，人的欢喜、愤怒、哀伤、快乐的情感还没有表现出来，就是"中"；即使表现出来但是都合乎时宜和礼节，就是"和"。"中"是天下人的根本；"和"是天下人所遵从的原则。达到了"中和"的境界，天与地也就各在其位了，万事万物也就生长发育了。

由此我们得知，倘若一个人没有表现出喜、怒、哀、乐的情感时，心中就会平静淡然，这就叫作"中"。喜、怒、哀、乐都是人们的正常反应，是人们受到外界事物的刺激后产生的自然情感，之所以说喜、怒、哀、乐的情感没有表现出来的时候叫作"中"，是因为在这种情况下这些情感是被控制的，内心保持着平静和均衡，这是合乎正道的。然而，人的感情无法正常宣泄是不可能的，因此宣泄需要有个尺度，这个尺度就是：不要看到好的事物就喜形于色，遇到不高兴的事情就勃然大怒，极度悲哀或是过度高兴都是不合理的，情感表现得合常理、合时宜、有节度，这就是"和"。

子曰："鬼神之为德，其盛矣乎！视之而弗见，听之而弗闻，体物而不可遗。使天下之人，齐明盛服，以承祭祀，洋洋乎！如在其上，如在其左右。"意思是，孔子说："鬼神的德行，真是很大呀！看它却看不见，听它也听不着，但它却体现在万事万物之中而没有遗漏。让天下的人，斋戒沐浴后穿上庄重服装，来祭祀它们，浩浩荡荡啊！祭祀时好像在人们的上方，又好像就在人们的左右。"

孔子的这段话通过对鬼神特点的分析来说明中庸之道是不可离的。我们现在通常认为"鬼"是不吉利的、可怕的，但是古代人却不是这样。他们认为，鬼神是祖先死后的魂灵，不但不可怕、可恶，还可以保佑他们的后代。古代人经常祭祀鬼神，以求得它们的佑护。鬼神处于天地之中，虽然人们所看不到、听不到，然而人们却不得不对它们产生敬畏和谨慎之情，同样，中庸之道也是如此。

众所周知，"大道"是无言无声、无形无相的。无论谁都没有听到过"大道"的声音，也无从知晓"大道"的形象。然而，世上万物都是"大道"创造的，都是"大道"的载体，都必须按照"大道"的规律去行事，顺道而行就有发展，背道而驰就必然失败。"大道"主宰着我们，就像老子所说的那样："寂兮寥兮，独立而不改，周行而不殆，可以为天下母"，也就是说，它寂寞无声，广阔无形，独自存在又永恒不变，循环运行而不会停止，它是天地万物的渊源。

《易经·系辞传》中说："观天之神道，而四时不忒；圣人以神道设教，而天下服矣！"意思是说，观察天下的造化之道，四季周而复始，圣人仿效自然造化的万物之道教化人民，而使天下信服。这说明圣人也是以自然运行法则作为统治管理天下的依据的。

在我们的生活中，既有有形的、看得见的东西，比如我们的身体、树木、动物等，也有我们无法看见的东西，比如各种规律、自然法则等。看得见的东西，我们很容易把握，但是对于看不见的东西，人类就无法用直观的方法加以认知了，这时就需要运用智慧的思考、总结和归纳它们。中庸之道就是这样无形无相却又真实存在而不离我们左右的，它可以通过"无所不在"的形式使每一个人都心悦诚服。我们常常以为看不到的东西就是不存在的，所以在违反规律做事时自以为神不知、鬼不觉，殊不知规律会暗中考察我们的行为，然后做出相应的奖励或惩罚。所以，我们为人处世只有真诚地遵循"中庸大道"，才能不招致灾祸，取得最终的胜利。

智慧 02
中庸之道倡导和谐之道

　　"中"与"和"是中庸之道的重要概念。中，就是不偏不倚，保持一种适可而止、恰到好处的处世态度，合乎自然的中正之道；和，就是和谐，是指对待一切事物都能保持一颗平常心，不与自然规律背道而驰。无论是在自然环境还是人类社会中，只有在"中和"的环境里，万事万物才能平等共存。所以说，"中"是我们人性的根本；"和"是我们必须遵从的原则。达到了"中和"的境界，天与地也就各在其位了，万事万物也就欣欣向荣地生长发育了。

　　"和"字在中国历史上出现较早。《尚书》中出现 42 次"和"字，《老子》一书中出现了 5 次，《论语》中出现了 8 次。而"和为贵"出自《论语》："礼之用，和为贵。先王之道，斯为美；小大由之。有所不行，知和而和，不以礼节之，亦不可行也。"之后，出现了很多以"和"字为中心思想的古训，和为贵、和气生财、和气致祥、和衷共济、家和万事兴、百忍堂中有太和，万众一心、众志成城、众人一条心、黄土变成金、一争两丑、一和两有等，说的都是"和"。儒家的"太和"观念，包括自然的和谐、人与自然的和谐、人与人的和谐以及自我身心的和谐。儒家正是通过道德修养达到自身的和谐，再推广到"人与人的和谐"。

　　"和为贵"是中国文化的优秀传统和重要特征。不仅儒家，构成中国传统文化有机部分的流派，如佛、道、墨诸家，也大都主张人与人之间、族群与族群之间的"和"。佛教反对杀生，主张与世无争；道家倡导"不争"，以"慈""俭""不敢为天下先"为"三宝"；墨家则主张"兼相爱，交相利"，尤为反对战争。

　　"和"是宽容主义精神的表现，是理论理性的体现。和谐的人际关系，和谐的社会环境,对于人的生存和发展至关重要。人类自古到今,因国界、宗教、种族、主权、经济利益的分歧,思想、语言的差别,因家庭、财产、感情等诸多问题,所引起的冲突不胜枚举,以致常常上演"争地以战,杀人盈野;争城以战,杀人盈城"的惨剧,以和为贵的观念,对于纠正今天社会上人们浮躁、暴怒的心态大有裨益。

人与人的关系中不可以无"和"。"和"是人际关系的减震器、润滑油,是生活的芳香剂。"和"可以在我们出现误会、产生分歧、发生矛盾时,充当调停人,化一切既恼人又难堪还剑拔弩张的干戈为玉帛。所以,当我们争吵得面红耳赤几乎兵刃相向时,为何不试着听从"和"的召唤,心平气和地伸出双手与对方相握?当我们冷战静坐相对无言时,为何不让"和"来修补我们生活中的裂痕。"和"是光与热,驱散我们心中的阴云与寒冷。

战国时代的赵国将军廉颇武功高强,沙场之上历经百战,常常以一当十,屡立战功。然而,当宰相蔺相如官职比自己高出一截时,心中非常不满,认为蔺相如只是一个耍嘴皮子的文官,官职不应该比自己高,就到处公开扬言要让蔺相如受点羞辱。蔺相如知道后就千方百计躲开廉颇,避免与他直接见面。廉颇见蔺相如不敢见自己就很得意,以为蔺相如真的怕他。其他许多人也以为蔺相如惧怕廉颇。后有好事的人问蔺相如为什么要怕比自己职位低的廉颇,蔺相如说:"我并不害怕廉将军羞辱我,更不怕廉将军让我在众人面前丢面子。我个人的荣辱算得了什么呢!秦国人正盼着我们将相出矛盾、国内出乱子呢。若我与廉将军天天互相仇视,互不服气或者互相拆台,不是正好给秦国创造了攻打我们的机会吗?为了国家的长治久安,我只好先避免与廉将军见面了,等廉将军想明白了也就理解我了。"廉颇听说后,感到非常惭愧,向宰相蔺相如负荆请罪,从此将相二人齐心协力,共同保障了赵国的繁荣与安全。

这则"将相和"的故事之所以能成为千古美谈,就是因为"和"的可贵,"二人同心,其利断金",在这里得到了最充分的佐证。

道家始祖庄周,把"和"的重要性发挥到了极致,主张要天和、人和、心和。

而孔子所倡导的中庸之道也提出，处世要讲究情理并用、恩德兼用。讲道理要讲轻重，做事情要先用人，看能不能通融、接洽。

有一天，孔子的学生子贡问老师："有没有一个字可以作为终生奉行不渝的法则呢？"孔子回答："其恕乎！己所不欲，勿施于人。"这里的"恕"是凡事替别人着想的意思。其意思是，自己不喜欢做的事，不要加在别人身上。

战国时梁国与楚国相邻，两国在边境上各设界亭，边界的人们都喜欢在各自的地里种西瓜。梁国的边民很勤劳，日日锄草浇水，瓜秧长势极好，而楚国的边民有些懒惰，不事瓜事，瓜秧又瘦又弱，根本不能与对面瓜秧相比。楚国的人觉得失了面子，有一天乘夜五月色，偷跑过去掐梁国的瓜秧，梁国的人第二天发现后，气愤难平，报告给边县的县令宋就，说我们也过去把他们的瓜秧铲除好了！宋就说："这样做显得我们太不仗义了！我们明明不愿他们祸害我们的瓜秧，那么为什么再反过去祸害人家的瓜秧？别人不对，我们再跟着学，那我们不也与他们一样没有理性了吗？你们听我的话，从今天起，每天晚上去给他们的瓜秧锄草浇水捉虫，让他们的瓜秧长得更好，但是你们这样做的时候，一定不要让他们知道。"

梁国的人就照宋就的话办了。过几天，楚国的人发现自己的瓜秧长势一天比一天好，仔细观察，发现每天早上地里的草都被人锄过了，水也让人浇过了，原来是梁国的人在黑夜里悄悄为他们做的。楚国的边县县令听到边民们的报告，感到十分惭愧又十分敬佩，于是把这件事报告了楚王。楚王听说后，也感于梁国人修睦边邻的诚心，就特意备重礼送给梁王，以表自责和酬谢，结果这一对敌国成了友好的邻邦。

以恶制恶，以暴制暴，冤冤相报都是使仇恨加深、矛盾加剧、损失加重、人际关系更加恶化的非理性处世方式，而以"和"为贵却可以化仇恨为友谊，化愤怒为笑脸，化怨恨为理解。"和"是中庸之道中最博大精深的处世哲学。

"和"是中华民族的传统美德，也是中国文化的宝贵遗产。即使在两国已经敌对到枪炮相见的程度时，还是要抱着求"和"的理念，尽最大可能地避免流血事件。"和"充满了深刻哲理，有了"和"，就不会有绝人之路，就会找到问题的解决办法；有了"和"，就不会失去平衡，就不会发生你死我活的恶斗。"和"对争斗者来说是手与手的相握，是心与心的相融，是笑与笑的相迎。五声和，则可听；五色和，则成文；五味和，则可食。和是做人立身之本，以和立身，就能够化凶险为祥瑞，化野蛮为文明，化争斗为和平。和是人生走向成功的根基所在，人生什么都可以抛弃，唯独不能抛弃以和立身的做人原则。

智慧 03
不明中庸之道，则难以立身

谁都想成为事业有成的强者，但能遂人愿者毕竟寥寥，究其原因，是绝大多数人没有找到成为强者的最佳通道：有的人推崇强势哲学，处处用强，时时争先；有的人希冀别人的成全，一味屈从，丧失自我。

正确的做法应该是，既保持应有的尊严，又不怕丢面子，这也正是中庸思想的一种表现。

古往今来成就大业之人，无不是胸怀宽广、从善如流者。他们不但心中有大志，而且气平若缓流，能够礼贤下士，倾听逆耳忠言；相反，有一些同样有抱负的人，虽然在开始时顺风顺水地取得了一定的成功，但他们却因此而骄傲自大，不可一世，渐渐也就众叛亲离，一路下坡，最终导致了失败。

宋代著名的大文学家苏东坡在评论楚汉之争时就曾说：汉高祖刘邦之所以能胜，楚霸王项羽之所以失败，关键在于他们对待敌对意见的态度上。项羽不能忍受批评，白白失去了自己百战百胜的优势；刘邦能忍，养精蓄锐，等待时机，直攻项羽弊端，最后夺取胜利。刘项之争，从多方面说明了这一点。刘邦懂得忍下人之言，而项羽气大，什么都难忍难容，不懂得"小不忍则乱大谋"的道理，大业未成身先亡，可悲可叹！

下面几件事足以说明刘邦与项羽的不同。楚汉战争之前，高阳人郦食其拜见刘邦，献计献策。他一进门看见刘邦正坐在床边洗脚，便不高兴地说："假如您要消灭无道暴君，就不应该坐着接见长者。"刘邦听了斥责后，不但没有勃然大怒，反而赶忙起身，整装致歉，请郦食其坐上座，虚心求教，并按郦食其的意见去攻打陈留，将秦积聚的粮食弄到手。刘邦围困宛城时，被困在城里的陈恢溜出来见刘邦，告诉他围城与攻城都不如对城内的官吏劝降封官，这样化敌为友，就可以放心西进，先入咸阳为王。刘邦采纳了他的意见，使宛城不攻自破。

与刘邦容忍的态度相反，项羽则刚愎自用，自以为是。一个有识之士建议项羽在关中建都以成霸业，项羽不听。那人发牢骚："人们说，'楚人是沐猴而冠'。果然！"项羽知道后，大怒，立即将那人杀掉了。楚军进攻咸阳时到了新安，只因投降的秦军有些议论，项羽就起杀心，一夜之间把二十多万秦兵全部活埋，从此他的残暴名闻天下。他怨恨田荣，因此不封他，致使田荣反叛。他甚至连身边最忠实的范增也怀疑不用，结果错过了鸿门宴杀刘邦的机会，最后气走范增，成了孤家寡人。

在这场楚汉之争中，刘、项都想成为最后的强者，但两个人的行为方式是一个用强，一个折中。于是，一个转劣势为优势，最终取胜，而另一个则截然相反。可见放平心气、接纳批评意见对于做人做事以及在激烈竞争中取胜是多么重要。

认识到中庸做人的重要性其实并不难，但要真正做到"不偏不倚"就不那么容易了，甚至确实比"蹈白刃"还要困难。这对于高高在上、有资格用强的人更是如此。贞观六年（公元 632 年），唐太宗在政治、军事、经济、外交等方面都取得了较大的成绩，出现了所谓的"贞观之治"。在一片歌功颂德声中，他确实有点昏昏然、飘飘然，生活也逐渐奢侈腐化起来了。就纳谏而言，他也不像过去那样"寻之使言、悦而从之"，而是先有"难色"，而后"勉从"，不像建国初期那样谦逊纳谏了。此时他听颂歌听得心里舒服，对于逆耳之言很有些反感，也不再提什么兼听则明了，有时兴之所至，则任性而行事。

一天，太宗早朝，文武大臣们高呼万岁已毕，恳请太宗到泰山封禅，以显扬太宗的文治武功。国舅长孙无忌说："封禅是历代的盛事，秦始皇统一天下后，遍封名山，在泰山、碣石山等处都勒碑刻石以纪念他的巍巍功德，汉武帝也曾封禅泰山。如今陛下德行可以和尧舜媲美，功劳比秦始皇、汉武帝还要大，应该封禅泰山，以显扬功德。"群臣一致赞成。群臣的封禅建议，正好对上了太宗此时好大喜功的心理，但他表面上还是笑着说："封禅不封禅，有什么关系，重要的是把国家治理好。"大臣们再一次请求，太宗一拍玉如意说："封就封吧！"于是任命太常韦挺为封禅使，令诸儒详细拟定有关封禅的礼仪、规模、费用及日程安排等。

这时魏徵站起来，果断而坚决地反对说："封禅不封禅，并不妨碍陛下的功德和政绩。如果天下安定，国家富强，人民乐业，即使不封禅，又有何妨呢？过去秦始皇封禅而汉文帝不封禅，难道后世认为汉文帝的贤能不如秦始皇吗？再说，祈天祭地，难道只有登上泰山封禅，才能表达诚敬的心意吗？"一席话仿佛在李世民和大臣发热的头上泼了一瓢冷水。

李世民一听，非常不高兴，便质问魏徵说："你反对我封禅，难道是因为我功劳不高吗？"魏徵老实地说："很高！"李世民说："难道是因为恩德不厚吗？"魏徵说："很厚！"李世民说："难道是因为国家不安定吗？"魏徵说："安定！"李世民说："难道是因为四夷不服吗？"魏徵说："臣服呀！"李世民说："难道是因为年岁不丰吗？"魏徵说："丰实呀！"李世民说："难道是因为祥瑞不来吗？"魏徵说："来了呀！"李世民一连问了六个关于能否封禅的条件，魏徵都应声说条件达到了。李世民最后将脸一沉，大怒说道："那我为什么不能封禅？"

魏徵回答说："陛下功劳虽高，而人民还没有得到实惠；恩德虽厚，而泽惠还没有广泛施行；国家虽安，而百姓还不算富裕；四夷虽服，而他们的要求还不能满足；祥瑞虽来，而不好的兆头还很多；年岁虽丰，而仓库还很空虚。这就是我认为不能封禅的原因。"

太宗憋了一肚子气，面子上也感到非常难堪，便宣布退朝。群臣们也认为魏徵这个人不知道进退。魏徵心想，太宗一走，事情就不好办了，于是，他立即站起来说："陛下请留步，让我把话说完。"魏徵考虑，这样的进谏，效果不会好，要阻止这件事，必须另换一个角度来说。于是，魏徵说："愿陛下让我做良臣，不要让我做忠臣。"李世民问道："良臣与忠臣怎么区别？"魏徵说："良臣自己身获美誉，君主声名显赫，富贵传之子孙，福禄无疆，如稷、契等人；忠臣就不同了，自己身受诛戮，君主蒙受恶名，家和国同时丧败，如比干等人。"李世民说："那我让你做良臣。"魏徵说："事实上，现在陛下盛怒，臣冒死进谏，这是让我做忠臣啊！"太宗的气色缓和了一些。

　　魏徵继续进谏说："陛下虽有这六个方面的优越条件，但我认为泰山封禅劳民伤财，于国家和人民没有益处。就拿隋炀帝杨广巡幸江都的事情来说吧，他三次坐着豪华龙舟到江都游玩，王公、妃子、僧尼、道士乘坐几千艘豪华富丽的大船，首尾相连 2 万多里，随从 10 万人，光拉纤的壮丁就有 8 万多人，还有大队骑兵夹岸护送。船上的人纵酒寻乐，声闻数十里。沿途 500 里内的老百姓，都要贡献美食。巡游的队伍像蝗虫一样，把沿途农民弄得倾家荡产，啃树皮，嚼草根，甚至被逼得人吃人。于是，王薄振臂一呼，响应者数 10 万，起义的烽火迅速燃遍大江南北。试问这样的巡幸有什么好处？"

　　魏徵又打个比方说："比如一个人患有 10 年的病，瘦得仅存皮骨。刚治好，便要他挑一石米，日行百里，一定不可能。而隋朝混乱，不止 10 年。陛下好像是个良医，人民的痛苦虽然在你手中解除了，但身体还没有恢复。现在国家初定，就要告天祝地，这不是自欺欺人吗？陛下到泰山封禅，车驾东巡，千乘万骑，国内的王公大臣、四夷的君长都要护从，单就饮食供给这一项来说，就不易置办，更不用说其他费用开支了。"

　　他停了一下又说："如今伊水、洛水以东，一直到渤海、泰山一带，莽川巨泽，茫茫千里，人烟断绝，鸡犬不闻；不说饮食供应不上，就连行路都很艰难。再说，竭尽财力用在这无偿的浪费上，还不一定能达到要求；要保障丰盛的供给，一定会加重百姓的负担，崇尚虚名而深受其害，我想这样的事情，陛下是不会做的。"

　　魏徵可以说是有理有据有节，或迂回，或单刀直入，占尽道理，唐太宗无言以对，但是仍然不愿放弃封禅泰山的念头。魏徵见状，言辞转而激烈地说："这样劳民伤财，天怒人怨，一旦有水旱天灾、风云变幻，匹夫百姓则揭竿而起，到那时就追悔莫及了呀！"唐太宗此时才领悟其中的道理，虽然心有遗憾，但最终还是下令停止封禅。

　　唐太宗没有一直坚持"刚"下去，他做人断事的天平最终偏向了"中庸"的一边，为此不怕丢面子，并以这种磊落为自己挣足了"面子"。这也正是李世民的可贵和高明之处。

智慧 04
君子中庸，小人反中庸

子曰："中庸其至矣乎！民鲜能久矣。"翻泽过来是："孔子说：'中庸是最高的德行了吧！人们很少能长久地实行它。'"可见，中庸之道是最高的德行，原因就在于很少有人能够真正去履行它，平常人往往不明白其中的真谛，甚至居于高位的人同样也不能按照中庸的道理行事。所以中庸才显得最高，行中庸之道才显得难能可贵。

那么，为什么"中庸"这种智慧曲高和寡呢？因为我们每个人都有趋利避害的天性，这种天性使我们不仅仅满足于吃得饱、穿得暖，还有更多的欲望、更多对于美好事物的追求。然而，对美好事物的追求如果无节制地膨胀下去，就会变成贪婪的欲望，即使再美好的事物也会变得丑陋了。人们为了自己生活得更好，社会地位更优越，得到更多的赞誉和尊敬，就产生了追名逐利的欲望。于是，人们不再仅仅为了生存而忙碌，还为了名与利去拼杀。欲望贪婪的人，无法正常生活和工作，没有满足的时候，于是就违背事物的规律做事，在恰当的时候做不恰当的事，渐渐偏离事物发展的正轨，这就是孔子所说的做事"过了"。这样的人自然无法依照中庸之道立身处世。古今中外，那些恃才傲物、好大喜功，不明白见好就收，不知道"水满则溢、月满则盈"的人屡见不鲜，这恰恰就是中庸之道不容易施行的最好证据。

与此同时，我们趋利避害的天性催生出了另外一类人。这类人与那些为了达到目的而肆无忌惮的人不同，他们甘于平庸，不思上进，凡事都偷懒拖拉，做事"差不多就行"，根本无心干一番轰轰烈烈的事业：这类人做事就是所谓的"不及"，他们同样也不能以中庸之道来待人处世。这样说来，中庸之道确实是很难施行的，所以更应该把它当作一种行为规范，加以提倡。

中庸之道实质上就是要行当行之事，不做不及或者过分的事情。除此之外，良好的语言表达与得体的待人接物，也能体现"中庸"的道理。说话时，既不出言不逊，又直指主旨；遣词造句既符合当时的场合，又符合自己的身份，能恰当地表达出自己的观点；既妙语连珠，又不会给人夸夸其谈的坏印象。倘若能做到这些，就达到了"中庸"的境界。

中庸之道虽然看似普通，但是越普通的事情往往越难做到极致。不过，即使中庸之道"民鲜能久矣"，但却绝对不是不可能做到之事，只要按照上面提及的原则去做，相信你一定可以成为贯彻"中庸"之道的典范。

智慧 05
权衡两端，取其中道

子曰："吾有知乎哉？无知也。有鄙夫问于我，空空如也。我叩其两端而竭焉。"

通过对儒家诸多言论和著作的研究，我们很容易发现，尧、舜、禹、周文王、周武王以及周公等都是儒家十分推崇的古代圣贤。这些人既是领袖人物，也是笃行中庸之道的典范，他们的许多行为确实值得我们效法和学习。

孔子认为，舜是一个大智慧者。天下的事理是无穷无尽的，人的知识与能力也有限，一个人即使再聪明，也总有不知道的事理，因此必须虚心好学，即使在某个方面强于其他人，也不值得炫耀。关于舜的为人处世，有这样的传说。

舜的母亲去世很早，他的父亲瞽叟是一个糊里糊涂的人，为舜找了一个继母，这个继母生了一个儿子，取名叫象。继母心地褊狭，弟弟又傲慢蛮横，舜在家中的处境可想而知。然而，舜却始终体恤父亲，孝顺继母，宽容弟弟，即使生活十分辛劳也毫无怨言。不过，舜的宽广胸怀起先并没有得到家人的回报，继母和弟弟依旧想方设法加害于他。有一次，象与继母企图烧死他，舜在险境中机智逃生；后来，象又企图在舜打井的时候用石块砸死他，舜又逃过了。正当象高兴地对继母说"舜被我用石块砸死了"的时候，舜推门而入，若无其事地拜见父母，然后对象说："弟弟，我还有很多事情要做，以后麻烦你多多帮忙料理家事吧。"象听了这句话幡然悔悟，从此一家人冰释前嫌，变得和和睦睦了。

同样，舜治理天下也没有什么诀窍，只是把握住了"中庸"的道理，权衡事理的两端，去除不及和过之的做法，取其中道而行，顺乎万事万物的自然规律。尧对大舜的忠告就是证据。

《论语·尧曰》篇中记载着，尧对大舜说："大舜呀！上天所安排的命运落在了你的身上，公允地遵守那中道吧；天下四海困苦贫穷，上天福禄永远完结。"大舜也是以这番话禅位于大禹的。

舜天分过人，可是他十分谦虚，广泛地向他的臣民征询意见或建议。就算是听来的话很浅显，他也要仔细斟酌，力图从中发现有益的东西。如果听到的话不合情理，甚至是恶言，即使他不采用，也绝不会去给对方宣扬，以免于对方不利；哪怕听来的话只有一点可取之处，他也会替对方宣扬，使人们从中受益。

值得我们体味的是，尧告诫舜要"允执其中"，就是要舜行中庸之道，坚守公平，不偏不倚，无过无不及。大舜正是听从了尧的告诫，在治理国家中，才能做到包容别人的恶言，宣扬别人的善言，审察并掌握别人认识上的两个极端，看到了事物的正反两面，采取"适中"的办法引导百姓，自然做到不偏不倚。这是最合乎尺度的，也得到了全天下人的智慧，这就是行中庸之道的妙处。

可见，"执其两端，中道而行"是一种认识事物的好方法，我们在日常生活中常常会遇到不了解的事物，对于陌生的事物，如果我们试着从它的正反两方面入手研究，就可以避免产生片面的认识，如此一来，探寻事物的本来面目就变得比较容易了。

智慧 06
中庸而行，可以无忧

看这样一个典故：

墨子和杨朱要进行辩论大会，听众云集，而子莫却无动于衷。学生们问子莫："老师，你为什么不去辩论会上听一听呢？"子莫回答道："辩论会的结果我已经知道了，为什么还要去听？"学生们问："老师，墨、杨两家，谁胜谁败？"子莫说："没有胜者，也没有败者。杨朱以自我为中心，哪怕取一毛而利天下的事都不愿意去做，这样的人活在世上还有什么用呢？墨翟提倡兼爱非攻，哪怕是丢头舍足而利天下之事也要去做，这样的人活在世上有什么意思呢？我主张持中原则，既不像杨朱那样偏右，也不像墨翟那样偏左；物守中道，不偏不倚，有利而作，无利而歇，所以我子莫最终取胜。"

子莫的话充分体现了"中庸"的思想，就是为人处世不偏不倚，坚持中道。这对当下的管理者有着巨大的启示意义。

众所周知，领导和下属之间是一种相互依赖、相互制约的关系，如果这种关系处于良好的状态中，上下级的需要就都会得到满足。因此，上级需要下级对本职工作尽心尽责，圆满完成任务；而下级则希望上级对自己加以重用，在成绩上给予肯定，在待遇上合理分配，在生活上适度关心。

因此，领导要适当地调整情绪，增加与自己性格、爱好不同的下属的交往，尤其对那些曾经反对过自己的下属，更需要经常交流感情，以免造成不必要的误会和隔阂。在处理内部问题时，一定要"一碗水端平"，做到不偏不倚，坚守中道。

"众恶之，必察焉；众好之，必察焉。"孔子的这句话，告诉我们在日常生活中，要立正自身，着眼于事实，待人处世要经过大脑的思考，以自己的是非观，理性地进行判断，不能人云亦云，也不能随便趋同朋友的观点，这就是君子"中庸而时中"。曾经有这样一个故事，可以帮助我们理解生活中的"中庸"之道。

有一家公司宣布了裁员名单，小王就在其内，他有两个月的时间另寻出路，这种事情无论发生在谁身上都会很不舒服，小王心里自然也很难受。从名单宣布的第二天开始，小王就变得情绪十分激动，想到自己几年来的辛苦工作居然换来了这样的结局，他的心理很不平衡，思想上也无法想通。

于是，他先去找同事诉苦，后来又去找主任申冤，不久又托人到经理那里说情，根本没有心思好好工作。然而，他的这些"努力"都没有奏效，这次公司裁员的决心十分坚定。奔走了将近一个月，小王感到精疲力竭，他想事情既然不会有什么转机了，干脆就死心吧。他一边开始着手寻找新的工作，一边决心把职责内的工作做好。于是，小王心里渐渐平静了，就像根本没有裁员一样，依旧努力工作着。

两个月很快就过去了，主任告诉小王，公司认为他是一个合格的员工，希望他留下来继续工作。

小王面对裁员的打击，行为从不理智变为理智，放弃了两种极端的态度，通过自己的理性分析，终于做出了正确的决定。所以说，一个人活在世上，站稳自己的立场至关重要。然而，在现实生活中，每个人的人生观、价值观和世界观都有所差别，所以朋友的正确观点和判断，我们要予以肯定和支持，反之，错误的观点和判断，我们则不能随便附和，要做到权衡两端，持中而立。

大家都知道"鹦鹉学舌"这个典故，其中学舌的本意就是模仿别人说话。鹦鹉比喻的就是自己没有主见，别人说什么就跟着附和别人的人。

宋朝释道原在《景德传灯录》记载："有行者问：'有人问佛答佛，问法答法，唤作一字法门，不知是否？'师曰：'如鹦鹉学人语，话自语不得，为无智能故。'"

英国首相撒切尔夫人小的时候，过 5 岁生日那天，父亲把她叫到跟前，语重心长地说："孩子，你要记住，凡事都要有自己的主见，要用自己的大脑来判断事物的是非，千万不要人云亦云。"

同时，一个人要立正自身，不仅仅只是做到不人云亦云这么简单，而且在那些关于个人道德品质和价值观方面，也不能盲目与朋友相和。严子陵就是在这方面做得比较好的人。

严子陵年轻的时候很有名望，后来游学长安时，与刘秀结为朋友。后来，刘秀打败了王莽，在洛阳建立了东汉王朝，史称光武帝。刘秀登基以后就找到了老朋友严子陵，请他入宫。二人谈论以前的事十分投机，晚上，二人又共卧一榻，严子陵在睡梦中把脚放在刘秀的肚皮上，刘秀也没有丝毫怪罪。

当刘秀想要严子陵做他的谏议大夫时，严子陵却不辞而行，隐居在富春山下。到北宋，范仲淹任睦州知府的时候，写了一篇《严先生祠堂记》："云山苍苍，江水泱泱，先生之风，山高水长。"以此来赞扬严子陵的高风亮节。

朋友贵在贫富之交。"一贫一富乃知交态，一贵一贱交情乃见"。即便是朋友日后身居高位，也要端正自己，可以为朋友的成就感到高兴，但不能贪图富贵而攀附于他。《汉书》说："势利之交，古人羞之"，这是一个人做人的道德准则，从这个意义上讲，比不随便附和朋友的言行更加重要。

智慧 07
中庸与成功之道

中庸的思想自古以来作为人们的思想准则，这一点在追求成功的道路上也是可以得到相应印证的，在追求成功的道路上如何以中庸之道来指导自己呢？我们可以通过"中庸与目标追求""中庸与竞争双赢""中庸与欲望取舍""中庸与明辨是非""中庸与进退尺度"来一一释疑，具体内容如下：

中庸与目标追求

做人做事应该树立明确的目标，但有的人在这方面走向了极端：不管这个目标是不是适合自己，非要一条道走到黑，结果只能是离自己的目标越来越远。目标的确定和实施也需要有一个中庸的态度，即高度适中，适时调整。

中国的一句老话叫作"好马不吃回头草"，对于目标的追求，回头草该吃的时候就必须回头，因为我们对目标的选择和确定本来就是一个选择之后再达成的过程，而选择就是以自己的条件为中心，向周围搜索。有时把目标定得远了，难以实现，就要做适时的调整。

罗大佑的《童年》《恋曲 1990》等经典歌曲影响和感动了一代人。但是罗大佑起初是学医的，后来他发觉自己对音乐情有独钟，所以他弃医从乐。

目标的实施，实际上是一个动态调整的过程，是随机转移的。若你发现原来确定的目标与自己的条件、外在因素不相适合，那就得改弦易辙，另择他径。

这种动态调整有以下的基本形式：

①主攻方向的调节。若原定目标与自己的性格、才能、兴趣明显背道，目标实现的可能性就会减小。这就需要适时对目标作横向调整，及时捕捉新的信息，确定新的、更易成功的主攻目标。

扬长避短是确定目标、选择目标的重要方法。在科学、艺术史上，大量人才成败的经历证明，有的人在某一方面具有良好的天赋和能力，但不可能有多方面的强项。有的人在研究、治学上是一把好手，而一到管理、经营的岗位，他就一筹莫展，变得能力平平，甚至很差。

②在原定目标基础上的调节。即主攻方向不变，只是在层次上进行调整。若是原目标定得过高了，只有很小的实现可能，则必须调低，再继续积累，增强攻关的后劲；若原目标已实现，则要马不停蹄地制定新的更高层次的目标；若原目标定得太低，轻易就能越过，则要权衡自己的能力、水平，将目标向上升级。

③在获得信息反馈之后的调节。即在原定目标受挫后，重新把目标定在自己更易成功的领域。

④从预测未来中进行调节。社会的需要和个人的兴趣、才能、性格等都经常会发生变化。如才能的发展与年龄大小关系极大，任何才能都有其萌发期、发展期和衰退期，所以，对未来的走向还应该考虑年龄因素。

⑤对具体的阶段目标视情况进行调节。大的目标要终生矢志追求，而小的阶段目标则可以进行适当的调节。如科研人员在研究方向的选择上，有时为了能尽快出成果，不断改变思路，从而取得成功，这在科学史上不乏先例。

其实，调整就是向现实妥协而采取的折中方案。不偏不倚谓之中，出现了偏差就要果断调整，这不正是中庸智慧的体现吗？

中庸与竞争双赢

在一般人的观念中，竞争的状态应该是以你死我活的竞争结局收场。在整个过程中，明枪暗箭、尔虞我诈是最常用的竞争手段。在竞争最激烈的时候，和平竞争可以发展为恶性竞争，直至两败俱伤。但有一部分人的观念却与此相反，他们希望竞争的双方都能够在整个过程中获利，在竞争中求合作，在合作中求生存。双赢是他们追求的最高境界。概括地讲，双赢就是折中地追求双方利益的最大化，即互惠互利，利人利己。

利人利己可使双方互相学习、互相影响及共谋其利。要达到互利的境界，必须具备足够的勇气及与人为善的胸襟。培养这方面的修养，少不了过人的见地和积极主动的精神，并且应以安全感、人生方向、智慧与力量作为基础。

品格是利人利己观念的基础，以下三项品格特质尤其重要：

①真诚正直：真诚正直可以带来友谊、信任和尊重。许多人也愿意和真诚正直的人交往，因为与之交往内心是安稳的，同时精神也能得到净化和升华。所以正直者很容易成为公众崇拜的偶像。美国曾经数度评选历史上最伟大的总统，那些名列前茅的，一般并不是以才能取胜的人，而往往是以品格，尤其是以其真诚正直获胜的人。正因为如此，亚伯拉罕·林肯、华盛顿总是榜上有名。而我国最近几年推选的"感动中国"的人物，有许多也正是因为他们的良知和正直才入选的。人类之所以充满希望，很大成分是因为人类热爱正直，崇尚正直。

②成熟：也就是勇气与体谅之心兼备而不偏废。有勇气表达自己的感情与信念，又能体谅他人的感受与想法；有勇气追求利润，也顾及他人的利益，这才是成熟的表现。许多招考、晋升与训练员工使用的心理测验，目的都是测试个人的成熟程度。

只可惜平常人多以为魄力与慈悲无法并存，体谅别人就一定是弱者。事实上，人格成熟者严于律己，宽以待人。在需要表现实力时，决不落于损人利己者之后，这是因为他不失悲天悯人、与人为善的胸襟。

徒有勇气却缺少体谅的人，虽然有足够的力量坚持己见，但无视他人的存在，难免会借助自己的地位、权势、资历或关系网，为私利而害人。过分为他人着想，而缺乏勇气维护自己的立场，以致牺牲了自己的目标与理想，这一做法也不足为训。

勇气和体谅之心是双赢思维不可或缺的因素，两者间的平衡才是真正成熟的标志。有了这种平衡，我们就能设身处地为对方着想，同时又能勇敢地维护自己的立场。

③富足心态：一般人都认为世界如同一块大饼，并非人人能得而食之。

假如别人多抢走一块，自己就会吃亏。难怪俗语说："共患难易，共富贵难。"见不得别人好，甚至对至亲好友的成就也会眼红，这都是"乏匮心态"作祟。抱持这种心态的人，甚至希望与自己有利害关系的人小灾小难不断，疲于应付，无法安心竞争。他们时时不忘与人比较，认定别人的成功等于自身的失败。纵使表面上虚情假意地赞许，内心却妒恨不已，唯独占有才能够使他们肯定自己。

相形之下，富足的心态源自厚实的个人价值观与安全感。由于相信世间有足够的资源，人人得以分享，所以不怕与人共名声、共财势，从而开启无限的可能性，充分发挥创造力，并有宽广的选择空间。

成功并非压倒别人，而是追求对各方都有利的结果。经由互相合作、互相交流，使个体难成的事得以实现，这便是富足心态的自然结果。

要想潜移默化地扭转损人利己者的观念，最有效的方式莫过于让他们和利人利己者交往。此外，还可阅读发人深省的文学作品与伟人传记，或观看励志电影。当然，正本清源之道还是要向自己的生命深处探寻。

建立在利人利己观念上的人际关系，以厚实的感情账户为基础，彼此互信互赖。于是个人的聪明才智可集中于解决问题上，而非浪费在猜忌设防上。这种人际关系不否认问题的存在或严重性，也不强求泯灭各方分歧，只强调以信任、合作的态度面对问题。

然而，合理的关系若不可得，与你交手的人偏偏坚持，双方不可能都是赢家，那该怎么办？这的确是一大挑战。这时候，制胜的关键在于扩大个人影响圈：以礼相待，真诚尊敬，欣赏对方的人格、观点；投入更长的时间进行沟通，多听而且认真地听，并且勇于说出自己的意见，以实际行动与态度让对方相信，你由衷希望双方都是赢家。

双赢是一种典型的中庸观念，持这一观念做人，就能应付各种复杂的局面，战胜各种难缠的对手，从而置自己于不败之地。

中庸与欲望取舍

以中庸的哲学看待金钱以及金钱与生活的关系，对于我们如何做人甚至对我们的人生有重大的意义。

金钱是维持我们生存的必要条件。没有金钱的支持，生存可能会出现危机。所以，我们为了生存去赚钱无可厚非，只要赚钱的途径正当、正确，就可以了。但变赚钱观为贪钱观就可以铸成生活的一种负重，甚至会使自己失去自由。

一个贪图金钱的人不会懂得他所拥有的一切的价值，不断地索取追逐财富使他慢慢地失去了自己的本性，使原本拥有的东西都离他而去。因此，对金钱切不可太贪婪。

现在，随着物质生活的日新月异，不少人崇尚享受，追求物质生活，物欲无法获得满足就起贪念，抢劫、盗窃、绑架，种种恶行层出不穷。

金钱原该是工作的回报，而且应该是工作越好，金钱的回报越多。问题是，当一个人把注意力由工作转向金钱之后，对工作的专注分散了，工作原来的指标偏离了，功利的杂念掺入了，开始急功近利，为求迅速达到赚钱的目的而急于完成，为求较普及的市场而迎合俗众，误以初步的成功所赚来的金钱为终极的成功巅峰，不再追求精进，只在浅薄的水平上重复一项初步的完成。我们看到，太多有天分的钢琴学生为了教琴赚钱，未能成为一位更好的钢琴家；我们看到，太多的艺人在刚起步时获得一时的成功，就停留在这一阶段，在舞台上蹦跳一阵之后，迅即消失。急功近利的做事态度，使人直接奔向金钱而无心顾及理想，更无暇完成理想。

希望你能在直接的财富之外，有眼力见到间接财富；在狭义的财富之外，有胸襟见到广义的财富。创事业的人，追求理想的人，要能避开"商业念头"的侵袭，才算是走上了成功的第一步。

金钱有时带给我们的并不都是快乐，有时也可能是烦恼。人生一世，折磨我们的不一定总是贫穷，也可能是各种各样的贪欲。

沉湎于物质的追求，会产生对财富、名誉甚至知识的执着。为了这无止境的人生追求，人会日夜渴望增强自己的力量，变成欲壑难填的怪物。人所拥有的越多，越引以为豪，越能向他人展示自己存在的优越性，就越易被引入思想的迷途，带来无尽的烦恼。

为钱工作，这是残酷的。如果可能的话，别让钱支配你的生活。

尝试以中庸的态度看待金钱吧，这样才能真正地让金钱为你服务，也才能因为找到金钱与生活之间的平衡而品尝到乐趣。

中庸与明辨是非

中庸、折中，听起来再简单不过，但实际做起来难上加难。比如，在现实生活里，有几个人在具体的做人做事的过程中认真听取过他人的意见？听取意见就是对自我的修正，就是实现中庸的一种途径，遗憾的是，我们总是在这一点上犯错误。

年轻人都很容易相信那句"走自己的路，让别人去说"的豪言壮语。然而，有多少人正是因为太相信这句话而吃尽苦头！走自己的路当然没错，但如果能够多听一听别人的意见，尽量少走弯路不是更好？

俗话说："一处不到一处迷"，很多事不是仅凭我们自己的想当然能解决问题的，一定要去见识一番才能了解情况。如果全靠自己去闯，受伤的机会就比较多了，因为你无法预料那个陌生的地方有没有陷阱，有没有毒虫猛兽。若是向过来人问一问，安全系数就大大提高了。当然，你不能像小马过河那样，全听他人意见，重要的应该是结合自己的实际情况亲自实践一下。

有一个年轻人想独立创业开一家服装店。母亲知道他这个创业计划后，劝他说："你叔叔以前做过好多年生意，现在不做了，经验还在，你不如去请教请教他。"

年轻人心想，叔叔做生意都是几年前的事了，他那点老经验拿到网络时代来用，只怕过得太久了。他决定按自己的思路做事。

年轻人租了一个临街的门面，这周围只有几家食品店和百货店。他想，在这儿开服装店，没有竞争对手，生意肯定错不了。没想到开业后，他的生意十分冷清，别说买主，连进来瞧一瞧的人都很少。他以为这是刚开业，没有知名度的缘故，做下去就好了。谁知过了半年，生意仍没有多大起色。眼看苦熬下去没有什么意思，宣布倒闭又心有不甘。正在犹豫时，母亲替他请来叔叔，帮忙看看生意不景气的原因。叔叔看了一眼就说："你这地方开服装店不行，周围一家服装店也没有，不招客。"

年轻人奇怪地问："为什么？"

"你的店面小，花色品种有限，对顾客的吸引力本来就不大，加上没有竞争对手，价格没有比较，顾客怎么愿来呢？"

年轻人心想：看来前辈的经验还没有完全过时，说得还是有点道理的。既然这地方"风水不好"，那就只好关门大吉了。后来，他在叔叔的指点下，在另一个地点重开了一家服装店，这回生意做得很不错，不久便扩大成服装超市了。

我们经常听到别人的忠告，自己也常常对别人提出忠告。然而，当人们给予你建议或忠告时，你是仔细聆听，还是认为人们故意找你麻烦呢？对于你而言，分清别人的意见是否切实可行，是最宝贵的一笔财富。

有个猎人抓到一只鸟儿，神奇的是，这只鸟儿居然能说 70 种语言。

被关在笼子里的鸟儿哀求说："求求你，放了我吧！只要你放了我，我就送给你三个生存秘诀。"

猎人思考了一下，回答说："好，不过你得先说，我才放你走。"

鸟儿听了之后，怀疑地看着猎人。

猎人见鸟儿似乎不大相信，就举起手立誓："我发誓，只要你说了，我一定会放你走。"

鸟儿看见猎人发誓了，便说："那么你听好了！第一条是，做了就不要后悔。第二条是，如果有人告诉你一件事，只要你认为不可能，就千万别相信。第三条是，当你做不到时，就别勉强去做。"

忠告说完后，鸟儿便问猎人："可以放了我吧？"

虽然猎人还没消化完这些忠告，不过他仍然遵守诺言，将鸟儿放了。

鸟儿开心地飞到树上，接着朝着猎人大声喊道："你这个蠢蛋，谢谢你放了我啊！不过，你一定没有料到，我嘴里正含着一颗价值连城的大珍珠，而且就是这颗珍珠，让我如此聪明的。"

猎人一听，连忙跑到树下，他瞪大了眼，心中开始盘算着，如何再将这只鸟儿捉住。

猎人懊悔地站在树下，过了一会儿，只见他开始往上爬，但是当他爬到一半时，却不小心掉了下来，还摔断了腿。

这时，鸟儿嘲笑他说："笨蛋！我刚才不是告诉你了吗？怎么马上都忘了呢？我不是说一旦做了就别后悔，为什么你现在又后悔了呢？还有，我说，如果有人对你说了你认为是不可能的事，就千万别相信他。可是，你居然相信我的小嘴含得住大珍珠。最后我不是说，如果做不到时，就别勉强自己吗？你看看，你为了捉住我，勉强爬上这棵大树，结果却摔断了腿，真是得不偿失啊！"

鸟儿在飞走前，还送了猎人这么一句话："对聪明的人来说，只要受过一次教训，他就会警惕；然而，愚笨的人即使受了一百次教训，恐怕还不一定知道问题所在。"

就像这只会说70种语言的鸟儿所说的，如果不能从经历中吸取教训，那么，即使人们告诉他前面有个陷阱，他也一样躲不过。

不要偏狭地看待人们给出的意见，我们需要的是有鉴别地听别人的建议，并根据实际情况，灵活运用这些建议。

况且听一听他人的意见，并不会让我们有任何的损失，或许我们真的能从这些建议中找出自己的缺点，调整自己的步伐，让我们能够不断从失败的教训中，获得最完整的经验累积，找到最便捷的通道。这便是中庸做人的妙用之一啊。

中庸与进退尺度

做事鲁莽而无虑者，那是个傻瓜；反之，太过谨慎，甚至杞人忧天者，那就该是胆小鬼了。走任何一个极端都预示着人生的失败，都违背中庸做人的哲学。所以，我们可以谨慎，但不可以太谨慎。在周密而严谨的思考之后，倘若有机可循，便可乘势出击，切不可太注重小节而失大利。在这一点上，诸葛亮就是一个最好的例证。

诸葛亮虑事周全，谨小慎微，对他这种性格描述比较贴切的是《三国演义》里他第一次兵出祁山的一节。

诸葛亮用马谡的反间计使曹睿削掉司马懿的兵权后，开始北伐中原，曹睿派驸马夏侯楙为大都督迎战诸葛亮，于是魏延向诸葛亮献策：

"夏侯楙乃膏粱子弟，懦弱无谋。延愿得精兵五千，取路出褒中，循秦岭以东，当子午谷而投北，不过十日，可到长安。夏侯若闻某骤至，必然弃城望横门邸阁而走。某却从东方而来，丞相可大驱士马，自斜谷而进，如此行之，则咸阳以西，一举可定也。"

孔明笑曰："此非万全之计也。汝欺中原无好人物，倘有人进言，于山僻中以兵截杀，非唯五千人受害，亦大伤锐气。决不可用。"魏延又曰："丞相兵从大路进发，彼必尽起关中之兵，于路迎敌，则旷日持久，何时而得中原？"孔明曰："吾从陇右取平坦大路；依法进兵，何忧不胜！"遂不用魏延之计。

其实魏延此计正合兵家奇袭之计，妙不可言，当时在关羽、张飞死亡，刘备大败于孙权，死于白帝城后，曹魏方面认为蜀汉已经没有力量作战了，在陕甘方面的守备力量不强，所以，诸葛亮出祁山后，不但甘肃东部三州叛魏归蜀，而且关中震动。

这是一个极好的机会，但是诸葛亮没能很好地利用它。此后即使马谡不失败，诸葛亮占领了甘肃东部后，南方蜀军和主要由北方人组成的曹魏大军交战，在西北荒原上周旋，也很难占便宜。此外，甘肃东部的战略要地不多，即使占领了，从全局上看其价值也不够大。甘肃不如关中富饶，在那里驻军很容易产生粮食不足的问题。合理的战略应该是利用曹魏方面短时间惊慌失措占领关中，实现诸葛亮在《隆中对》中所规划的"率益州之众，以出秦川"的战略。一旦占领了长安，甚至潼关，局势变成魏攻而蜀守城，曹魏的铁骑就显不出那么高的优越性了。以此看来，

《中庸》
64个人生智慧

魏延提出由子午道偷袭的方案是比较高明的。当然，魏延的建议未必是最合理的，但是，完全抛弃它，按照常规战法绕大圈子，绝不能说是高明。收复甘肃诸郡，要用去很多时间，魏方有时间从东部调兵遣将，蜀军出奇兵的优势完全丧失。合理的做法是完善魏延的建议，以突袭关中为目标，在魏方没有准备的条件下，力争取得最大胜利。司马懿重掌兵权之后，分析说："如果是我进兵，我一定要从子午谷进攻，奇袭长安，这样长安一带便唾手可得。"魏延与司马懿可谓英雄所见略同，可过于谨慎细致的诸葛亮却不用此计，实在遗憾。当时，诸葛亮认为：曹魏在关中虽有一些驻军，而从战局进程看，曹魏在甘肃东部驻军是极弱的，蜀军一到就投降。此外，蜀汉和羌、氏各族人的关系较好，也是有利因素。所以，看来出祁山占领陇东是十分有把握的。只可惜，最有把握的未必是最佳的。过度谨慎在军事上常常不占便宜。

后来邓艾率五千精兵，偷渡阴平，逢山开路，遇水搭桥，奇袭成都，一举成功，他没按正规进攻路线攻打成都，避开姜维剑门关的大军，灭了蜀汉政权，此计与魏延之计如出一辙。

诸葛亮北伐中原能够成功的唯一一次机会就在这里，因为魏主曹睿连续犯了两个错误：一是中了马谡的反间计，撤了司马懿的兵权；二是派不清战事的夏侯楙为帅来拒蜀。这正好给了诸葛亮天赐之机，如果诸葛亮能抓住这一机会，按魏延之计，率五千精兵直取长安，自己再率军出斜谷，那么大事几乎成矣。再加之其他兵马呼应，谁能定天下就难说了。

机会是均等的，也是短暂的，成功者的素质就在于能抓住短暂的机会，哪怕是瞬间也不错过，只有如此，才能成功。古往今来成功者无不如此，不管是谁，只要机会闪现，他们便绝不放过。

然而，诸葛亮毕竟是诸葛亮，太过细致谨慎造就他在任何事情面前都不会铤而走险。谈笑间，他失去了一个千载难逢的一统天下的机会，仅此一次就让他一生的心血付诸东流。

诸葛先生因为谨慎而失去或许可一统天下的机会，就连如此聪明的人，太过谨慎都无法取得成功，我们就更不能小看这一人性的弱点了。

智慧 08
修身正己，以得天下

一个人的容貌是先天生成的，本事再大的人也无能力选择自己的容貌，无论是丑是美，是高是矮，只能听天由命。然而，一个人的教养却可以经后天的学习、修炼得到提升。中庸之道始终强调人必须重视修身，必须养成良好的教养。

孔子常常教导自己的学生说："朝闻道，夕死可矣。"意思是说一个人早晨明白了做人修养的道理，就是到了晚上死去也值得的。可见孔子对修身的看重程度。诸葛亮则说："鞠躬尽瘁，死而后已。"他是把尽职尽责的做人素养当作了高于人生一切的第一原则，因而震撼了千百年来的人们。而文天祥说："人生自古谁无死，留取丹心照汗青。"这种大无畏的精神，仿佛具有感天动地的魅力，让人油然而生敬意。

如果说，他们的教养涉及的是人生的大道理，离我们这些凡夫俗子相去甚远，我们也没有必要整天想"死而后已"这样的生死大问题的话，那么，发生于我们身边的许多小事却值得我们每个人深思，也许这样的教养更有现实意义，这也正是本文题中应有之义。培养一个人的教养，从大处说，体现着一个人的综合素质；从小处看，体现了一个人的做人品性。孔子说："勿以恶小而为之，勿以善小而不为。"就是在告诉人们，一个人是否拥有较高素养，不在于他做的事情的大小，恰恰是一件件微不足道的小事，构成了一个人的整体教养。

俗语说："站有站相，坐有坐相。"这是要求人们站、坐、行都要体现自己的教养。一个人在公开场合亮相，举手投足无不给人留下一种印象。如果站没有站相，坐没有坐相，就给人一种很缺乏教养的感觉。这样，即使他或她的相貌很出众，也会因缺乏教养的举止而使自己的形象大打折扣。相反，

《中庸》
64个人生智慧

即使相貌平平或其貌不扬，也会因为举手投足的洒脱有礼，而给人留下美好的印象。

相传曾国藩在选人时非常注重观察人的举手投足等不被人重视的细节，为此，他总结出通过人的举手投足而观人识人的九种方法，即观神识人，就是要察看一个人的神态是否平和端庄；观精识人，就是识别人的智明愚暗；观筋识人，就是要看人的胆量；观骨识人，就是看一个人的强和弱；观气识人，就是看一个人是否沉稳安静；观色识人，就是看一个人是否仁慈厚道；观信识人，就是看一个人素质好坏，修养高低；观容识人，就是看一个人是否心怀他念；观言识人，就是通过听其言，察其心。说到底，这九种识人方法都是察看人是否具有教养的方法。曾国藩对此也总结说："凡人之质量，中和最贵矣。观人察质，先察其平淡，后求其聪明。""中和"既包含了中庸之意，也含有教养之意。在曾国藩看来，具有这种"中和"品质的人，心性平和，为人处世稳重沉雄，不声不响，又让人信赖，有王者风范而无霸气。

一个人的教养，总会从其神态形色或举手投足上表现出来。那些成为达官显贵的人，有的也不乏出生于平民白丁，但他们都极重视举手投足的细小修养，使自己逐步具有贵人的气质，站在一群人中就能凸显出尊贵与不凡。总的来说，这样有教养的人总能给人容颜干净整洁、端庄稳重、举止大方、打扮适当的良好印象。

天津南开中学教学楼门口悬挂着创始人严范孙为学生制定的"仪容格言"："面必净，发必理，衣必整，纽必结；头容正，肩容平，胸容宽，背容直；气象勿傲勿暴勿怠，颜色宜和宜静宜庄。"这些仪表风度方面的要求堪称现代学生仪容礼仪方面的准则。

"人靠衣装，佛靠金装"。三分长相，七分装扮。有教养的人都非常讲究穿戴，未必要穿名牌，也未必要华贵，但必须干净整洁，举手投足一定要温文尔雅。

智慧 09
堂堂正正，遵守道义

中庸要求一个人不断地自我修养、自我教育、自我完善，为什么呢？因为人生中的诱惑多多，只有通过自身修养的提高，才能把选择的砝码倾向于道义一边。

提到义与利的抉择，就不能不提万世楷模关羽。

三国时期，曹操为争天下，蓄谋除掉刘备，他发兵二十万，分五路下徐州攻打刘备。刘备因寡不敌众而大败，单枪匹马投奔青州袁绍。

当时关羽保护着刘备的两个夫人死守下邳（今江苏睢宁西北）。曹操十分敬慕关羽的武艺人才，渴望关羽能够成为自己的部将。他便用计攻破下邳，又派自己部将中与关羽有过一面之交的张辽去请关羽暂时栖身曹营。

而后，曹操费尽心机对其施予厚恩，以图关羽归顺自己。

曹操安排关羽与刘备的两个夫人同居一室，企图以此扰乱刘备与关羽的君臣之礼、兄弟之义。但关羽手持灯烛护卫于门外，通宵达旦，毫无倦色。曹操一计不成，但在心里却愈加敬佩关羽。到了许昌（今河南许昌市东），曹操领关羽见过汉献帝，献帝下诏封关羽为偏将军。曹操摆筵席请关羽坐上座，会见众谋臣武士。曹操又拨给关羽一座府第，赠关羽早已准备好的绫帛、金银器皿及十名美女。自此三日一小宴，五日一大宴地款待关羽。

关羽将府第分为两院，内院请两位嫂嫂居住，派由下邳跟随而来的将士十人把守，自己居于外院。又将曹操所赠金银财帛都送到二位嫂嫂处收存，并命十名美女好生服侍她们。自己每三日一次到内院门外施礼问安，直到二位夫人说"叔叔自便"，方敢退回。

曹操见关羽穿的战袍已旧，便估算其身量，选用上等织锦请人精心缝制一件战袍赠予关羽。关羽穿上新衣，却将旧袍罩在外面，曹操笑问关羽为何如此节俭，关羽说："并非节俭，只因这战袍是刘皇叔所赐，穿着它就好像看见了哥哥。"曹操听罢又喟叹了一番。

关羽在曹营时时思念刘备，有时理着髯须自言自语："活着不能报效国家，而今的处境又违背结义兄弟的初衷，真是白白地活着！"曹操便命人缝制一只精美的锦袋，送与关羽护髯。

曹操见关羽的马瘦，便命左右牵来一匹马赠送他。只见那马浑身赤如火炭，形状高大雄伟，背上的鞍辔十分精致秀美。关羽一眼认出这是吕布曾经骑过的赤兔马，立即躬身一再拜谢。

曹操不解地问："我送你那么多的金帛和美女，你不曾拜谢，而今送了一匹马，你却高兴得一拜再拜，为什么把畜生看得比人还贵重呢？"关羽答道："这马一日可行千里，今天我很幸运能得到它。有朝一日如果得知兄长刘备的下落，我骑上这马只需一天就能跑到兄长所在的地方。"

曹操见自己如此厚待关羽，关羽却毫无归顺之意，心中着实不悦，便将心事说与张辽听了。张辽去拜访关羽并与他叙谈。关羽说："我自然知道曹丞相待我厚恩，但我已与刘备、张飞誓共生死，决不背弃。我虽不能留在曹营，但一定要立功报答曹丞相的厚恩而后离去。"张辽又问："如果刘备已经不在人世，您将做何打算？"关羽答道："愿随兄长于九泉之下。"张辽知道关羽迟早要离开曹营，只好如实报告曹操。曹操长叹说："事主不忘其本，真乃天下义士！"后来，关羽知道了刘备的下落，在斩颜良、诛文丑报答了曹操之后，立即到丞相府拜辞曹操。曹操在门上挂着回避牌，有意不见。关羽一连去了几次都没见到曹操，又去拜别张辽，张辽推说有病，也不相见。关羽只好写了封书信派人送与曹操，同时将曹操所赠金银财帛原数留下，十名美女安顿在内宅，汉寿亭侯印悬于堂上，而后带上原来人员及随身行李，护着两位嫂嫂，出北门而去。

此后，关羽过五关、斩六将，历尽艰险，终于与刘备、张飞在古城相聚，并为刘备建立蜀汉王朝，形成魏蜀吴"三国鼎立"的形势立下了汗马功劳。

关羽放弃了曹操给予的名位和重赏的金银美女，为了义气，为了忠于刘备，毅然辞别了势力强大的曹操，回到了一无所有、几度寄人篱下的刘备身边。关羽真正能配得上"义薄云天"四字。刘备也正是有了这样讲义气、靠得住的二弟和同样义薄云天的众多大将，才有了他三分天下的蜀国。

做人就应该堂堂正正，讲求仁义，遵守道义，重义轻财，不可为贪图一时的小利而见利忘义，忘恩负义。如果因为过分追逐名利而落下一个"不讲义气""靠不住"的恶名，那最终的结局可想而知。

智慧 10
节制自己的欲望

人有欲望，也有善良的本心，让自己的欲望适可而止，恰到好处地满足基本的欲望，而不损害他人的利益，倘若做到了这一步，就能得"中庸"处世之道了。

可是人们常常害怕失去眼前的小利益，而对他人的内心需求却漠然不知，结果失去了更多的东西。这是人性的弱点，不能中庸处事的人，其缺点暴露无遗。对此，人们发现了一种处世之术，即你掌握了对方的需求并进行利用，处理问题或求人办事就可以被对方认可与接受。这是一种主动出击的战术，但是要利用得恰到好处。我们来看历史上的一个小故事就很容易理解了。

历史记载，楚、汉在荥阳一带展开拉锯战，势均力敌。于是双方约定，以鸿沟为界，中分天下，其西归汉，其东归楚。

后来，项羽解围东撤，刘邦也引兵西归。张良充分认识到此时的项羽由于刚愎自用，已经到了众叛亲离、捉襟见肘的地步。于是，张良、陈平二人同谏刘邦，希望他趁机灭楚，免得后患无穷。刘邦听从了他们的建议，亲自统率大军追击项羽，另外派人约韩信、彭越合围楚军。汉军追到一个叫固陵的地方，却不见韩信、彭越二人前来支援。项羽回击汉军，刘邦又一次败北。刘邦躲在山洞中，不胜焦躁，询问张良道："诸侯不来践约，那将怎么办？"张良是一位工于心计的谋略家，他时刻关注着几个影响时局的重要角色的一举一动，并筹划应对之策。

当时，虽然韩信名义上是淮阴侯、彭越是建成侯，实际上却只是空头衔，没有一点实权。因此，张良回答刘邦道："楚兵即将败亡，韩信、彭越虽然受封为王，却没有确定疆界，二人不来赴援，原因就在于此。主公若能与之共分天下，当可立招二将。若不能，成败之事尚无法预料。我请主公将陈地至东海的土地划给韩信，睢阳以北到谷城的土地划归彭越，让他们各自为战，楚军将会很容易被攻破。"

刘邦一心解燃眉之急，听从了张良的劝谏，不久，韩信、彭越果然率兵来援。公元前 202 年农历九月（汉初以十月为年首），各路兵马会集垓下。韩信设下十面埋伏，与楚决战。项羽兵败，逃到乌江自刎。长达 4 年之久的楚汉战争，以刘邦的胜利而告终。

在处理韩信、彭越索要实惠这件事情上，张良做得十分周到，也充分利用了其好名利的弱点，划归一些封地给他们，满足了他们的欲望，使他们尽力而战。再来看姜太公钓鱼的典故。

周文王在渭水的北岸见到了正在直钩钓鱼的姜太公，太公认为用人办事的道理和钓鱼有点相似之处：一是禄等以权，即用厚禄聘人，与用诱饵钓鱼一样；二是死等以权，即用重赏收买死士，与用香饵钓鱼一样；三是官等以权，即用不同的官职封赏不同的人才，就像用不同的钓饵钓取不同的鱼一样。姜太公接着说："钓丝细微，饵食可见时，小鱼就会来吃；钓丝适中，饵食味香时，中鱼就会来吃；钓丝粗长，饵食丰富时，大鱼就会来吃。鱼贪吃饵食，就会被钓丝牵住；人食君禄，就会服从君主。所以，用饵钓鱼，鱼就被捕；用爵禄收罗人时，人就会尽力办事。"

可见，每一个人都有特殊的欲望，而这个欲望就是他的弱点，只要你抓住了他的弱点，并满足了他的欲望，他就会效用于你。利用人们心中真正的欲望去制约别人，让别人为我办事，姜子牙的方法可谓恰到好处。

智慧 11
慎独是自我修养的一种方法

慎独是一种思想，也是自我修养的重要手段。在古代的典籍中，人们一般把慎独理解为"在独处无人注意时，自己的行为也要谨慎不苟"（《辞海》），或"在独处时能谨慎不苟"（《辞源》）。

其实，慎独，关键是一个"独"字。"独"是什么？独是别人看不见听不见的地方，它不仅是指外在的空间，更重要的是指人的心灵，朱熹就说过："独者，人所不知而己所独知之地也。"只要心中有道德，脑海有纪律，手脚有约束，把独处也当作光天化日，就能做到慎独。朱子讲过："非特显明之处是如此，虽至微至隐，人所不知之地，亦常慎之。小处如此，大处亦如此。显明处如此，隐微处亦如此。表里内外，精粗隐显，无不慎之。"

子夏是孔子的著名弟子。

有一天，子夏去拜见曾参，曾参也是孔子的得意弟子，一向严于律己，以孝行著称。曾参看了看子夏，打趣地说："怎么一阵子不见，你就如此发福啊。"子夏不以为意，反而乐呵呵地回答说："我打了一个大胜仗，心情舒畅无忧，所以身体就胖起来了。"曾参有些摸不着头脑了，疑惑地问："这话是什么意思？"子夏说："我终日在家读书，学习先王（泛指贤帝尧舜等）知道，觉得他们的仁义道德和高尚的德行，实在是高山仰止，令我心生敬佩仰慕之情，觉得能效仿他们一定很快乐。可是出门之后，我看见富贵人家身穿绫罗绸缎，享受豪宅美食，夜夜笙歌曼舞，逍遥自在，又不由得心生向往之情，觉得能像那样生活一定很幸福。两个念头不断出现在我的脑海中，激烈争斗，难分胜负，我寝食难安，心中不宁，所以身体日益消瘦。现在先王之道终于在心中占上风，取得了绝对胜利，我的心情又恢复了安宁祥和，所以身体自然就发胖了。"

曾参听了，连连称赞子夏，对他更为敬重。

古圣今贤们所说的"人恒过""不犯错误的人没有"，并不是说人们可以不自律、不严己、不加强道德修养、不追求高尚品格。孔子认为，人们如果要不断提高自己的道德品质，就必须"躬自厚""求诸己""内自讼"。他的门生子夏无疑是遵照其教导，严格要求自己的典型。如果一个人反身自省，感到自己是忠诚踏实的，那便是最大的快乐。正因为这样，子夏才由瘦而胖，并因此而欢欣愉悦。

古往今来，慎独境界者不乏其人。

柳下惠坐怀不乱，曾参守节辞赐；萧何慎独成大事，东汉杨震"天知、地知、你知、我知"，慎独拒礼；三国时刘备的"勿以恶小而为之，勿以善小而不为"；范仲淹食粥心安，宋人袁采"处世当无愧于心"，李幼廉不为美色金钱所动；元代许衡不食无主之梨，"梨虽无主，我心有主"；清代林则徐的"海纳百川，有容乃大；壁立千仞，无欲则刚"，叶存仁"不畏人知畏己知"，曾国藩的"日课四条"：慎独、主敬、求仁、习劳，其所谓慎独则心泰，主敬则身强。以上种种，无一不是慎独自律、道德完善的体现。

慎独是一种人生境界，慎独是一种修养，慎独是一种自律，慎独是一种自我的挑战与监督。

孔子所说的"随心所欲"，不是我们日常所说的想干什么就干什么，而是指道德修养到一定程度后所达到的一种道德境界。慎独虽然是古人提出来的，但并没有因时代的更迭变迁而失去现实意义，因为它是悬挂在你心头的警钟，是阻止你陷进深渊的一道屏障，是你自身修养走向完美的一座殿堂。

智慧 12
自省是大智大勇

内省不仅是了解自己做了什么，最重要的是透过它了解自己真正的意图；柏拉图更进一步说，内省是做人的责任，没有内省能力的人不配做人，人只有透过自我内省才能实现美德与道德。

自省，简而言之就是自我反省、自我检查，以能"自知己短"，从而弥补短处，纠正过失。

力求上进的人都是重视自省的。因为他们知道，自省是认识自己、改正错误、提高自己的有效途径，自省使人格不断趋于完善，让人走向成熟。孔子的学生曾参说，他每天从三方面反复检查自己：替人办事有未曾竭尽心力之处吗？与朋友交往有未能诚实相待之时吗？对老师传授的学业有尚未认真温习的部分吗？他这样天天自省，长处继续发扬，不足之处及时改正，最终成为学识渊博、品德高尚的贤人。

自省是道德完善的重要方法，是治愈错误的良药，它能给我们混沌的心灵带来一缕光芒。在我们迷路时，在我们掉进了罪恶的陷阱时，在我们的灵魂遭到扭曲时，在我们自以为是沾沾自喜时，自省就像一道清泉，将思想里的浅薄、浮躁、消沉、阴险、自满、狂傲等污垢涤荡干净，重现清新、昂扬、雄浑和高雅的旋律，让生命重放异彩，生机勃勃。

自省的主要目的是找出过失及时纠正，所以自省决不可以陶醉于成绩，更不可以文过饰非。

"静坐常思己过"，以安静的心境自查自省，才能克服情感的干扰，发现自己的本来面目，捕捉到平时未能发现的过失。

只有善于发现并且敢于承认自己的过失，才可以进一步纠正过失。我们常常看不到自己的短处，很多缺点都是通过旁人指出才知道。这就要求我们用一颗平常心来对待别人善意的规劝和指责，反省自己的过失。俗话说"忠言逆耳利于行"，那些逆耳忠言常常能照亮我们不易察觉的另一面。

阿光是位应届大学生，他学的是英文，自认为无论听、说、读、写，对他来说都只是雕虫小技。

由于他对自己的英文能力相当自豪，因此寄了很多英文履历到一些外商公司去求职，他认为英文人才是就业市场中的绩优股，肯定人人抢着要。

然而，一个礼拜接着一个礼拜过去了，阿光投递出去的英文履历却杳无回音，犹如石沉大海一般。

阿光的心情开始忐忑不安，此时，他却收到了其中一家公司的来信，信里刻薄地提到："我们公司并不缺人，就算职位有缺，也不会雇用你，虽然你认为自己的英文程度不错，但是从你写的履历来看，你的英文写作能力很差，大概只有高中生的程度，连一些常用的文法也错误百出。"

阿光看了这封信后，气得火冒三丈，好歹也是个大学毕业生，怎么可以任人将自己批评得一文不值。阿光越想越气，于是提起笔来，打算写一封回信，把对方痛骂一番，以消除自己的怨气。

然而，当阿光下笔之际，却忽然想到，别人不可能会无缘无故写信批评他，也许自己真的太过自以为是，犯了一些错误而不自知。

因此，阿光的怒气渐渐平息，自我反省了一番，并且写了一张谢卡给这家公司，谢谢他们举出了自己的不足之处，用字遣词诚恳真挚，把自己的感激之情表露无遗。

几天后，阿光再次收到这家公司寄来的信函，他被这家公司录用了！

自省是一次自我解剖的痛苦过程。它就像一个人拿起刀亲手割掉身上的毒瘤，需要巨大的勇气。认识到自己的错误或许不难，但要用一颗坦诚的心灵去面对它，却不是一件容易的事。懂得自省，是大智；敢于自省，则是大勇。割毒瘤可能会有难忍的疼痛，也会留下疤痕，但它却是根除病毒的唯一方法。只要"坦荡胸怀对日月"，心地光明磊落，自省的勇气就会倍增。古人云："君子之过也，如日月之食焉。过也，人皆见之；更也，人皆仰之。"这句话的意思是：日食过后，太阳更加灿烂辉煌；月食复明，月亮更加皎洁明媚；君子的过错就像日食和月食，人人都看得见，但是改过之后，会得到人们更崇高的尊敬。

人往往只看得见别人的过错，却看不见自己的缺失，面对别人的指责，也常不加自省，反倒以恶言相向来掩饰自己的心虚。这样的人怎能进步，怎能是一个完美的人？

有一天，天神说："所有的动物们听好，如果有谁对自己的相貌或形体不满意的，今天都可以提出来，我会尽量帮你们修正。"

于是，天神转身对猴子说："猴子过来吧！你先说，你和他们比较之后，你认为谁最完美呢？你对自己的外形满意吗？"

猴子回答说："我啊！我觉得我的四肢完美，相貌更是无可挑剔，所以我十分满意啊！要跟其他动物比较的话，我倒觉得熊老弟的长相挺粗笨的，如果我是他的话，这辈子再也不要看见自己这个蠢模样！"

这时，大熊蹒跚地走过来，大伙都认为他也会这么认为。

可是，没想到他却开始吹嘘起自己，不仅认为自己外表威武雄壮，还不客气地批评起大象。他说："你们看一看大象老哥吧！虽然他十分壮硕，但是尾巴那么短，耳朵又太大，身体根本笨重得毫无美感可言！"

老实的大象听到大熊这番话，虽然没有辩驳，却批评起其他的动物："以我的审美观来看，海中的鲸鱼比我肥胖多了，而蚂蚁则太过渺小！"

这时，小蚂蚁抢着说："微生物才渺小呢！和他们比较起来，我简直就像一只巨象一样！"

大殿前，没有一只动物懂得反省自己，全都在互相批评与指责对方，更没有一个动物肯承认自己的不足。

天神无奈地摇了摇头，只好挥手叫他们离开。

这些动物们口沫横飞地指责别人的缺点，失去了完善自己的一个绝佳机会。

批评容易自省难，对许多人来说，缺点永远长在别人的身上，而自己的过错却可以用很多种角度去原谅。

还是赶紧站到镜子前照一照吧！仔细地看着镜里的自己，想想自己的行为。可能也会发现一丝进步，那就将好的继续发扬，不好的赶紧改正吧！

智慧 13
成大事者皆自律

大部分拥有顶级成就的企业，都是善于自律的企业。他们的领导人都具有这样一个品质，那就是极其善于控制自己。他们很清楚自律者才能律人的道理，清楚以身作则的作用，所以他们在很多方面都是行为的标准。这为他们树立了威望，赢得了员工的拥护，同时也使得很多政策能够很好地被执行。

有个孩子曾经这样问他的老师："我们的眼睛为什么不对着长，这样两只眼睛对看，可以马上看到自己的样子，不必担心牙齿上有菠菜屑，也不必担心嘴边的饭屑？"

这个只有小孩会想到的问题，你会怎么回答？

很多动物的眼睛都是分别长在两侧的，这是生物进化的结果，因为两侧可以看到的视野更广，而动物们要时刻关注着周围的环境，伺机而动。人类就不同了，脑后无眼，身后事不回头是不能知道的。于是孔子说："人苦于不自知。"我们人类眼睛演化的目的是朝前看，"明察秋毫而不见舆薪"，看得见别人脸上的小雀斑，但是看不见自己脸上的青春痘。为此，人类发明了镜子，"以铜为镜可以正衣冠，以人为镜可以明得失"，但是有了镜子以后，人类就真的有自知之明了吗？

在心理学上曾有个很有趣的实验，用镜子来测试动物知不知道什么叫自我。

实验者先把一面镜子放进黑猩猩笼中，十天之后，将黑猩猩麻醉，在它额头上点一个无臭无味的红点。黑猩猩醒来后，镜子还没有放进来前，它并不会用手去摸额头，但是当镜子放进笼子后，黑猩猩一看到镜子中的"倩影"，便立刻用手去摸额头，而且用力去搓。这表示它知道镜中是自己，而且知道自己原来是没有红点的。

后来实验者又将另一只猩猩先麻醉，给它额头上点上红点，然后把镜子放进笼子里。猩猩表现出认得镜子中的是自己，但却没有去关注额头上那个红点，更没有用手去摸甚至是搓。

这个实验很让人震惊，当一个人不晓得自己原来是什么样，就会很自然地接受目前的自己，不管自己的变化会是多么巨大，不管这个变化是好是坏，都泰然接受。因为没有对照，所以没有任何疑义地接受。但是一旦照过镜子，知道自己是什么样了，那么一有非自主的改变便立刻发觉，便会在"镜子"前面一直看，所以有没有自知是非常重要的。

小小的、薄薄的镜子每个人都会用得着，它可以让我们看清自己，发现脸上的灰尘，把自己打扮得更漂亮。

但生活中还有另一类镜子，我们的眼睛或许看不见它，很多时候甚至感觉不到它，但它确实每时每刻都存在，并如影随形相伴在我们的左右。那就是人，古语云："以铜为镜，可以正衣冠；以古为镜，可以见兴替；以人为镜，可以明得失。"人作为自己和别人的镜子，既可鉴己又可照人，这也许就是古人热衷于"以人为镜"最好的理由了。

唐太宗以魏徵为镜，看到了自己处理朝政时的得失，使自己颁布的政令更合乎民意，因而他能赢得天下太平，博得盛世美名。司马迁因受宫刑，绝望至极，但他看到：文王被拘，始有《周易》；屈原放逐，乃赋《离骚》，左丘失明，才写《国语》……历史上诸多不幸的伟人都能成就一番事业。司马迁以他们为镜，看到了自己生存的意义，看到了希望并汲取着无穷无尽的力量。于是，他发愤著书立说，以顽强的意志，忍辱负重，终于完成了中国历史上第一部纪传体通史。

以人为镜，可以知得失，可以让自己在生活的道路上少走弯路。把伟人、成功者当作镜子，可以让我们信心百倍地迎接挑战，鼓励我们前行，也可以让我们接受他们失败的教训，工作上少走弯路。以人为镜，不可一味模仿，一味邯郸学步，要根据自身情况，灵活运用。以人为镜，要多学习别人的长处，避免犯同样的错误。以人为镜好处多，但要选对镜子，选对自身有益之镜，如若拿错了镜子，就会不能正确认识自己，要么自卑，要么自大。

德国著名的作家歌德有个比喻很形象："行为是一面镜子，每一个人都在里面显示出自己的形象。"确实，我们每个人也是自己的镜子，别人通过我们的一言一行观察、揣摩、了解并最终把我们定性和归类，于是我们成了别人眼里的好人、坏人、可信的人、不可信的人……别人如果觉得你真心诚意待他，他就会真心诚意地对待你；你待别人高尚，别人也会高尚地待你。这就是所谓的"镜子效应"，人们对此有更为朴素和直接的认知：生活本身是一面镜子，你对它微笑，它也会对你微笑，反之亦然。

其实，生活中许多东西都可以作为我们的镜子，可以借鉴，伟人可以为镜，凡人也有值得学习之处，正面人物值得借鉴，反面人物值得自省。总之，以人为镜，可以让自己在生活的道路上少走弯路，少受挫折，取得更大的成就。

智慧 14
每天做自我总结

成功学大师戴尔·卡耐基说："我的档案柜中有一个私人档案夹，标示着'我所做过的蠢事'。夹中插着一些做过的傻事的文字记录。我有时口述给我的秘书做记录，但有时这些事是非常私人的，而且愚蠢之极，没有脸请我的秘书做记录，因此只好自己写下来。每次我拿出那个'愚事录'的档案，重看一遍，可以帮助我处理最难处理的问题——管理我自己。我曾经把自己的麻烦怪罪到别人头上，不过随着年龄渐增，我最后发现应该怪的人只有自己。很多人随着年纪的增长而认清了这一点。"

拿破仑被放逐到圣海伦岛时说："我的失败完全是自己的责任，不能怪罪任何人。我最大的敌人其实是我自己，这也是造成我的悲惨命运的主因。"

富兰克林每晚都自我反省。他发现十三项严重的错误，其中三项是：浪费时间、关心琐事、与人争论。睿智的富兰克林知道，不改正这些缺点，是成不了大业的。所以，他一周定一个要改正的缺点做目标，并每天记录赢的是哪一边。下一周，他再努力改正另一个坏习惯。他一直与自己的缺点奋战，整整持续了两年。难怪富兰克林会成为受人爱戴、极具影响力的人物。

艾尔伯特·哈伯特说过："每个人一天起码有五分钟不够聪明，智慧似乎也有无力感。"一般人常因他人的批评而愤怒，有智慧的人却想办法从中学习。诗人惠特曼曾说："你以为只能向喜欢你、仰慕你、赞同你的人学习吗？从反对你的人、批评你的人那儿，不是可以得到更多的教训吗？"

与其等待敌人来攻击我们，倒不如自己动手。我们可以是自己最严苛的批评家。在别人抓到我们的弱点之前，我们应该自己认清并处理这些弱点。达尔文就是这样做的。当达尔文完成其不朽的著作——《物种起源》时，他已意识到这一革命性的学说一定会震撼整个学术界。因此，他主动开始自我评论，并耗时 15 年，不断查证资料，向自己的理论挑战，完善自己所下的结论。

美国一家大公司的总裁查尔斯·卢克曼曾经用 100 万美元请鲍伯·霍伯上广播节目。鲍伯从不看赞赏他的信，只看批评的信，因为他知道可以从中学到一点东西。

福特汽车公司为了了解管理与作业上的缺失，特地请员工对公司提出批评。

有一位香皂推销员，甚至主动要求人家给他批评。他起初为高露洁推销香皂时，订单接得很少。他担心会失业，但他确信产品或价格都没有问题，所以问题一定是出在他自己身上。每当他推销失败，总会在街上走一走，想想什么地方做得不对，是表达得不够有说服力，还是热忱不足？有时他会折回去，问那位商家："我不是回来卖给你香皂的，我希望能得到你的意见与指正。请你告诉我，我刚才什么地方做错了？你的经验比我丰富，事业又成功。请给我一点指正，直言无妨，请不必保留。"

他这个态度为他赢得许多友谊，以及珍贵的忠告，后来升任高露洁公司总裁。他就是立特先生。

人不可能避免犯错，但切不可一错再错。"人非圣贤，孰能无过"。世界上没有一个人能保证自己永远不犯错。但是，为什么有的人成就卓著，而有的人却碌碌无为？其实，答案很简单：有的人一错再错，没有及时地从错误中吸取教训，而延缓了前进的步伐。

孔子曾夸他的一个弟子颜回，说他："不迁怒，不二过。"孔子非常重视的一项品质就是"不二过"，即不再次犯同样的错误。在现实生活中，如果你总是犯同样的错误，可能还会有一些你没想到的后果。

后果 1：暴露了你的思维模式及行为习惯。

如果你老是犯同样的错误，这表明你的思维模式出现了僵化之处。在做错事之后，也许你想很好地反省自己，但你却没有发现问题所在，所以下次做事时还是出错；也许你发现了问题，但因为受到长期累积下来的行为习惯的束缚，下次做时还是明知故犯。这种人若是带兵打仗，定会吃败仗；待人处事时，也会生出许多是非。由于你何种场合出错早就被人料定，那你在与人竞争时还有什么胜算呢？

后果2：影响他人对你的评价。

当人们评价一个人时，往往先看外表，再看其所做出的具体事情。事情做得好，进行得越深入，评价就高。如果老是做错事，人们对你的评价就低。若是一再犯同样的错误，评价就更低了，因为别人会对你的反省能力、做事能力及用心程度产生怀疑。即使你是无心之过，犯的是小错，别人对你的评价也会大打折扣。

人慎重地面对犯错及其后果。首先，你要反省与检讨自己，彻底了解自己犯错的原因何在，是能力问题、技术问题，还是性格问题、观念问题？尤其是后面的二者，有必要毫不留情地予以检讨，这样才不会自我欺骗，逃避真正的问题。其次，要总结自己及别人错误的经验，借反思来提高自我警觉。人会犯错，经常是性格及习惯造成的，反思错误的经验有助于修正自己性格及习惯上的偏差。

古时候，曾子说："吾日三省吾身。"古人也讲究"慎独"，把这当成圣人之道。因为只有每天自我反省的人才能从自己的经验中获得启示，才能获得精神上的进步。苏格拉底说："不经过反思的生活不值得过。"不对自己的生活进行反思，我们的宝贵经验就白白流失了，而实际上我们本来可以从自己的生活中学会很多东西，大多数人却没有对自己的生活做出总结。如果一个人要想从一个"初生牛犊"变成成熟老练的人，就必须要经常反省，这样才能加快自己的成熟。这是自我总结出来的经验。

"君子慎其独"，其突出特征在于事无巨细，都谨言慎行，时刻反省自身的行为思想，积沙聚塔，积水成渊，高尚的道德修养就是从一点一滴的小事开始的。所以，儒家特别提倡"克己"的修身方法，要求人们时刻警醒自身，克制不该有的私心杂念。

我国北宋时期的赵叔平就是一位克己修身的典范，流传于世间的数豆正心的故事正是他慎独的真实写照。

赵叔平与欧阳修是挚友，他自小学习勤勉，才学过人，于天圣年间一举考中进士，入朝为官。他十分注重道德修养，一生品性高洁，乐善好施，以善念为宝，深受世人好评，后来他与欧阳修因不满朝政，不愿攀附权贵，双双辞官归隐，而得到"清风明月两闲人"之名句。

赵叔平认为，人生在世最重要的是要有善念，多做善事，绝不能心生恶念，与人为恶。可是善恶往往在一线之间，想做善事不难，难的是一辈子做善事，不做恶事。这对人的意志力无疑是极大的挑战。因此，赵叔平十分注重锤炼自己的意念，正心克己，力图不断清除私心杂念，使善心永远战胜恶意。

为了检验自己的善恶之心，赵叔平曾经找来三个器物，其中一个器物用来装黑豆，放在另一边的一个用来装白豆，中间的器物空着。头脑中每萌生一个善念，他就取一颗白豆投入中间的容器中，若有一点儿私念或恶意，就取一颗黑豆投入中间的容器中。到了晚上，他把容器中的白豆和黑豆倒出来数一数，用以检验自己一天中的善念和私心杂念各有多少。

第一天过去了，赵叔平数了数容器中的白豆和黑豆，结果是黑豆多而白豆少。显然，这表明自己的道德修养远远不够。他暗自决心继续修炼，克制。

第二天，赵叔平又数了数白豆和黑豆，仍然是黑豆多而白豆少，但和第一天比起来，黑豆少了一个，白豆增加了一个。

第三天，仍然是黑豆多白豆少，但和第二天比起来，黑豆又少了一个，白豆又增加了一个。

过了一段时间，白豆和黑豆一样多了。

又过了一段时间，白豆多而黑豆少了。

就这样时间一天天过去，赵叔平一天天用黑豆白豆鞭策自己，好好修身养性。终于有一天，容器中只有白豆而无黑豆了，这意味着赵叔平心中只有善意而无私心杂念了。

赵叔平就是以这样的方法克己正心，自我监督，终于德学双修，成为一个胸怀坦荡，与人为善，而自觉摒弃无数恶意私念的正直之人。其高尚的德行，自我约束的品格为时人所赞颂、推崇，也为后人所学习借鉴。

赵叔平无疑是克己正身的典范，他以黑豆、白豆作为自我反省的标志，充分体现出道德修养的自觉性和主动性。

《第五项修练》一书的作者彼得·圣吉（Peter M. Senge）曾在书中提及："成功者普遍具有自省的特质。"他认为，自省让一个人更接近生命的本质，了解生命的意义，更懂得感恩与包容。

在俗世运转的轨道里，我们的一生常像陀螺一般，在庸碌烦琐中旋转不休。小时候是念书、联考、升学的压力，长大后则为工作、业绩、生计、家庭，疲于奔命，很少有机会停下来，好好想一想。

一个左右为难的作家，一个自我否认的物理学家，一个反躬自问的大国总统，在他们身上，可以轻易找到自知的谱系，这种自知的思维指向摒弃仇恨，更多地以人为本。

古今许多大思想家、大作家、大科学家都很重视对自身品德、言行的省察。鲁迅曾说："我的确时时解剖别人，然而更多的是无情地解剖我自己。"《鲁迅全集》中有许多文章都是他进行内省的产物。而在与亲友的书信中，他对自己的思想弱点更是直言不讳。如在致李秉中的信里有这样的话："我自己总觉得我的灵魂里有毒气和鬼气，我极憎恶他，想除去他，而不能。我虽然竭力遮蔽着，总还恐怕传染给别人，我之所以对于和我往来较多的人有时不免觉到悲哀者于此。"鲁迅怕的就是自己灵魂中的"毒气"和"鬼气"会传染给别人。因此，作者对自己的言行进行内省，必须从严要求，要像鲁迅那样勇于剖析自己灵魂里的"毒气"和"鬼气"，改正思想深处的不良思想和性格中的弱点、错误。

勤于内省要有自我批评的精神并勇于改正缺点和错误。正如地要常常扫、脸要常常洗一样，只有经常清除各种错误的非科学的思想灰尘和微生物，防止它们对我们思想和肌体进行侵蚀，我们才能保持思想的正确和健康。

人的特质不同、天赋不同，无法量化。

有时候，某些人看到别人有所发挥，似乎得到好处时，就心怀嫉妒，产生酸葡萄的心理，这也是没有必要的。有一句老话说得好，人人头上一片天，与其心怀嫉妒，不如将负向思维转为正向的力量，认识自己、看清自己、活出自己。

一个有趣且引人思索的故事，有个父亲对两个顽皮又不听话，经常闯祸又难以管教的孩子无计可施，他在深深的苦思中渐渐省悟到：孩子的错，孩子闯的祸，固然是孩子本人造成的，然而根子却在自己身上。而要孩子改错，首先自己必须改变教育的方法，假如要惩罚孩子，就必须首先惩罚自己。于是他做出了一个勇敢而令人惊奇的决定：孩子再次犯错后，他解下皮带，不再是抽孩子，而是脱去自己的上衣命令孩子抽自己，抽轻了不行，抽少了也不行。孩子们惊呆了，又不得不服从。当他们含着泪水在自己父亲赤裸的脊背上留下道道伤痕之后，他们也下定了决心：立即改正自己。

这当然只是极个别的例子。但事实上，一个进取的社会就和一个有追求的人一样，出现问题、产生矛盾是极其正常的现象，所谓"人无完人，金无足赤"，所有心智健康的人应当都能够理解，也不至于蛮横地苛求；但是假如在问题和矛盾面前抱着逃避、漠视甚至视而不见不予承认的态度，那肯定不是理性和良善的办法，也不是一个健康的社会所能容忍的态度。

只有学会自省的人，才能成为自己的园丁；只有善于自省的人，才能通过检点自己的荣辱得失来激励自己；只有敢于自省的人，才能克服困难开辟一片新的天地，同时也重塑新的自我。同样，只有懂得自省的社会，才能在面临种种困难和矛盾时依然给予人们希望；只有敢于自省的政府，才能在面对重重阻力时获得百姓理解和支持。

敢于自省的人给人以值得信赖的感觉。健康的社会就像健康的人，善于在进步中不断地反躬自省，并且以强烈的自我批判精神直面现实，正视矛盾，然后竭尽所能地化解矛盾，解决问题。

所以，我们每个人都要有直面现实，正视矛盾，解决问题的信心，学会勇敢地自省。

智慧 15
诚于中，信于外

"人无一内省之事，则天君泰然，此心常快足宽平，是做人第一自强之道，第一寻乐之方，守身之先务也。"这就告诉我们先审视自己的良心，不要做伤害他人的事情，行动之前以良心监督自己，行动之中诚实讲信用。《后汉书》里记载了这样一个故事。

东汉时期，杨震奉命到别的地方任太守，中途经过好几个县，其中有一个县的县令叫王密，这个王密是杨震一手提拔上来的，所以王密想借这个机会，向杨震表示谢意。

于是这天晚上，王密就带着礼物来到杨震的住处，并献上黄金以表感激之情。杨震坚决不收，王密推托一番，说："没有人会知道的。"杨震说："没有人知道吗？天知道，鬼神也知道；你知道，我也知道。怎么能说没人知道呢？"王密很惭愧，只好失望地走了。

"不做亏心事，不怕鬼敲门"，人们在做人处世中一定要做到耿直中正，利用别人不知道而欺瞒别人是为人所不齿的事，这就违背了"中庸之道"。我们再来看一个春秋时期的故事。

齐桓公，姓姜，名小白，是春秋时期齐国人，齐襄公的弟弟。后来他做了齐国的国君，在他统治期间，齐国成为春秋各诸侯国中最强大的国家，齐桓公也被后世列为春秋五霸之一。

齐襄公做太子的时候，曾经和堂弟公孙无知发生了争执，以致二人大打出手，伤了兄弟间的和气，二人也从此结下了仇恨。公孙无知是个睚眦必报的人，他对齐襄公耿耿于怀，后来就找了个机会把齐襄公给杀了，自己做了国君。齐襄公的亲生弟弟们怕因此而受到牵连，纷纷逃到别的国家避难。其中公子纠逃到了鲁国，因为他的母亲是鲁国人，到鲁国肯定会受到厚待，公子纠的谋士管仲跟随他。同时公子小白则逃到了莒国，鲍叔牙辅佐他。

一天，刚刚登上君位的公孙无知到齐国的封地雍廪去游玩，因为公孙无知曾经和雍廪人结下了仇怨，所以这里的人们很恨他。这次公孙无知竟然来到雍廪，雍廪人就趁他在郊外游玩的时候，给他一个突然袭击，将他杀死了。然后，雍廪人就告诉齐国的士大夫们说："公孙无知是个犯上作乱的小人，他杀了襄公自立为王，这是要遭到天诛的，我们替天行道将他给杀死了，请你们在诸位公子中再找一位贤德的人，重新立为王吧！"

士大夫高傒从小就与公子小白关系很好，公孙无知死后，高傒等人就秘密地将这个消息告诉给了小白，让他尽快回国继承王位。与此同时鲁国的国君也听说了公孙无知被杀的消息，就赶快派人送公子纠回国。同时还派管仲带兵在莒国至齐国的必经之路上设下了埋伏，拦截公子小白，让他不能先回国。当公子小白一行人来到管仲等人埋伏的地点时，管仲一箭射去，正好打中小白身上的衣带钩。小白急中生智，马上跌落马下，闭上双眼装死。跟随小白的人也都停下脚步，放声号哭。由于管仲距离小白一行人较远，不知道小白在使诈，以为他真的死了，于是就立刻派人去禀报公子纠说公子小白已经死了。公子纠听到这个消息，顿时轻松了许多，于是就放慢了前进的速度，一路悠闲地往齐国方向走。与此同时，公子小白则快马加鞭，绕路而行，六天以后率先赶到齐国，顺利地当上了国君，也就是齐桓公。

齐桓公继位后的第一件事情，就是派人去抵御护送公子纠的鲁国军队。公子纠没有办法只好又逃回鲁国，但他不死心，当年秋天，又与齐军在乾时展开大战，但是鲁军大败而逃，齐军则乘胜追击，截住了鲁军的退路。这时，齐桓公写信给鲁国国君，说："公子纠是我的同胞兄弟，我不忍心杀他，但是他为了与我争夺王位，竟然派人杀我，与我为敌，请您把他杀了吧。而他的谋臣召忽、管仲则是我的仇人，请您把他们遣送回齐国，我要亲自把他们剁成肉酱！如果您不同意，我就派人攻打您的都城！"鲁国国君没有办法，只好按照齐桓公的意思办。召忽听到这个消息，心想与其被剁成肉酱，还不如自杀，还能留个全尸，于是便刎颈而死。管仲则束手就擒，被送回了齐国。

《中庸》
64 个人生智慧

　　齐桓公的确想杀死管仲，以报那一箭之仇。但是他的大臣鲍叔牙对他说："我三生有幸，得以追随您左右，如今您已经登上王位，而我再也没有能力帮助您成就更大的霸业了。您要想把齐国治理好，有我和高傒就可以了。但是我知道您的志向远大，您要在诸侯中称霸，那么就非用管仲不可啊。管仲被哪个国家重用，哪个国家就能强盛，他是个不可多得的奇才！您一定要争取他为齐国所用啊！"于是，齐桓公决定不杀管仲，并重用他。

　　管仲与鲍叔牙是多年的好友，他深知鲍叔牙一定会向齐桓公推荐自己，所以才敢束手就擒。管仲的囚车还没有到齐国的都城，鲍叔牙就去迎接管仲，让士兵给他去了枷锁、脚镣。到了都城后，鲍叔牙又安排他沐浴更衣，并以好酒好菜招待他。第二天，齐桓公以隆重的仪式拜管仲为大夫，请他主持国政。

　　在此之后，鲁国又派大将军曹沫三次领军攻打齐国，但是每次都是大败而归，被齐国夺去了大片的领土。鲁庄王害怕齐国乘胜追击，把鲁国的都城也给占领了，于是就打算与齐国求和，并献出遂邑这个地方。齐桓公答应了鲁庄王的请求，两国决定在柯地这个地方举行签约仪式。可是两国国君把盟约刚刚签完，曹沫就冲上前去，用匕首抵住了齐桓公的脖子，并威吓说："谁也不要上前，否则我就杀了他。"齐国的谋士和将官们都害怕齐桓公有什么不测，不敢上前，只好问："你想干什么？"曹沫激动地说："齐国强大、鲁国弱小是事实。但是齐国侵占鲁国的领土也太多了，以至于齐国的边境已经延伸到了鲁国的城墙下。鲁国的城墙一倒塌，就会压着齐国的领土。请你们考虑一下吧！"言下之意就是，你们把侵占鲁国的土地都还给鲁国，否则就对你们国君不利。

　　齐桓公被曹沫胁持，刀子架在自己脖子上，他知道如果不答应曹沫的要求，自己肯定活不成，于是就急忙对曹沫说："好好好，我答应你把侵占鲁国的土地都还给你们。"此话一出，曹沫果然放下了手中匕首，放开齐桓公，将他推到齐国臣子的行列中。

　　齐桓公对此恼羞成怒，脱险后就想违背信约。这时，管仲对他说："您这样做不妥，人家劫持您是不想和您订立盟约，您事先没有料到这件事，这说明您并不聪明；您面临危险，不得不听从人家的威胁，这说明您不是十分勇敢；您答应了人家却又不想兑现承诺，这说明您不讲信用。作为一国的国君，您既不勇敢，又不聪明，现在又想不讲信用。失去了这三点，还会有谁会真心服您呢？而如果您如约还给鲁国土地，这样世人就会给您诚信的美名，这比起鲁国的土地要有价值得多啊。"齐桓公听了，觉得管仲说得很有道理，就如约把侵占鲁国的土地还给了鲁国。

诸侯们听说了齐桓公信守诺言的这件事情，都觉得齐桓公是个值得信赖的人，因而都纷纷依附齐国。两年以后，诸侯接受齐桓公的邀请，到甄地聚会，他们心悦诚服地请齐桓公主持大会。从此，齐桓公成为诸侯公认的霸主，开始号令天下，创设了"九合诸侯，一匡天下"的辉煌业绩。

"人而无信，不知其可也"。作为一国之君，是否守信，不仅关系其个人的威望和功业，也关系到国家的形象和兴衰。所以说，很多时候，你的所作所为，并不仅仅代表你自己，而是代表你所处的集体，对于你个人的不守信，在别人看来其实就是你的集体不守信，要想维护集体的利益，就必须尽量完善自己。

故事中齐桓公听从管仲的劝谏，信守诺言，归还了鲁国的土地，赢得了各国诸侯的信赖，这不能不说是他成为春秋五霸之首的重要原因。

当代学者朱伯昆在诠释儒家伦理中的"信"时，说过这样的话：信有二义，信任和信用。其内容是诚实不欺。显而易见，"信"的涵义就是恪守诺言，不欺诈，忠实地履行自己的承诺。但反其道而行之的人不在少数，请看下面这位。

有一个人总是向同事炫耀自己在市房管局有熟人，办房产证很容易，而且花钱少、效率快，同事们大都信以为真。

有一次同事找到他，说急着要办理房产证，便交钱相托，但过了很多天，也没有回音，于是这个同事就跑过来问，他支吾半天才说："近来人家事儿太多，你再等等看，包在我身上，肯定行的。"拖的时间长了，同事对他的办事能力就产生了怀疑，便向他要钱，他却又说："谋事在人，成事在天。你的事虽然没办成，可我该跑的跑了，该请的请了，你总不能让我为你掏腰包吧？"言下之意，钱是还不了了。从这件事以后，他的话就再也没人信了，以至于同事们在闲暇聊天的时候，只要他往人群里一站，大家就好像有一种默契似的，不再言语，继而纷纷散了。

良好人际关系的开端就是看讲信用与否，如果你真的做到了讲信用，别人也就会对你讲信用，反之亦然。

可见，人们在与他人交往共事的时候，首先要有耿直诚实的本性，之后言行才能与自己的本性相吻合，才不会反复无常、欺骗狡诈。只有这样，才能更好地维持社会的秩序，建立更好的人际关系，也才能保证世界和人类自身的和谐。

做人做事都必须把握一定的分寸，哪些事是自己可以做到的，哪些事自己很难做到，必须心中有数。否则，轻易就对人许愿，困难一来就只能干瞪眼，就会失信于人。一旦失信于人，留下"不守信用"的坏印象，就会给自己的前程埋下隐患。

"君子一言，驷马难追"，这是从正面鼓励人们要遵守信义，不能违背诺言。你不违诺就是一个君子，就能受到人们的敬重，就会从中受益。

"人而无信，不知其可"，这是从反面警告人们不能不讲信义，不能违背诺言，如果你出尔反尔，就会遭到人们的鄙夷，会被排斥到主流社会之外。

孔子说："言必信，行必果。"在他看来，诚实待人，不说假话，不骗人，是做人的基本准则。

孔子把"仁"作为最高的品德，"人者，仁也"，仁是区分人与动物的根本标准。而"信"则是"仁"的主要内容之一。孔子告诉人们，做人要"主忠信"，要把"忠"和"信"作为品德的基础。他还说："信则人任焉。"你讲究信义，就能得到他人的信任，才能被别人任用。

墨家的开山鼻祖墨翟也说："言而不信者，行不果。"如果你说话不诚实，不讲信用，那你就休想得到别人的信任和帮助，也就办不成事了。

主张"法、术、势"的法家代表韩非子也主张"信"。他认为一个英明的君主，应当注意取信于民。同时，他认为讲信用这种优良品德需要一个逐渐积累的过程。韩非子认为领导人应当"积信"，只有从每一件小事上做起，遇到大事才能讲信用，即所谓"小信成则大信立"，君子的权威来源于时时处处注重信义。

《中庸》上说："唯天下之至诚，为能尽其性；能尽其性，则能尽人之性；能尽人之性，则能尽物之性；能尽物之性，则可以赞天地之化育；可以赞天地之化育，则可以与天地参矣。"

"诚"是中庸德性观的轴心，它是联结天人、使之合一的规范，是人的道德思想与行为规范的凭借，人无条件地依此规范而行；"诚"是贯通天地人的普适规范，能够将三者有效连接，从而使人处在一种相互和谐的格局之中；"诚"充满了在具体的、不完满的伦理实践中，达到全体的、完满的道德理想的可能性，从而开启了中庸作为实践伦理的大门。

诚信可表现天地之真，充实天地之美，完成天地之善。有了诚信，才见天地之所以为天地，神明之所以为神明。有了诚信，才见人之所以为人，英雄豪杰之所以为英雄豪杰。诚信为人性中第一美德，为英雄豪杰、伟大人物立德立言的第一要素。

"人无信不立"，答应了别人什么事情，对方自然会指望着你。一旦别人发现你开的是"空头支票"，说话不算数，就会产生强烈的反感。"空头支票"不仅增添他人的无谓麻烦，而且也损害了自己的名誉。对别人委托的事情既要尽心尽力地去做，又不要应承自己根本力所不及的事情。

诚信做人，不失信于人是一条不可儿戏的原则。华盛顿曾说过："一定要信守诺言，不要去做力所不及的事情。"这位先贤告诫他人，因承担一些力所不及的工作或为哗众取宠而轻诺别人，结果却不能如约履行，是很容易失去他人信任的。

诺言是必须信守的，不管在何种情况下许下的诺言都一定要信守。即使是在迫不得已的情况下许下的诺言，也不能当作权宜之计，因为他人只看重是否履行诺言这个原则。不重视、不遵循这一原则，不仅是做事会失败，做人也不会获得真正的成功。

智慧 16
对人对己都要讲诚信

现代人最难的处世原则也许是"诚信"了，不只对他人诚信，也要对自己诚信。君子不失足于人，不失色于人，不失口于人。送玫瑰花给别人的人，自己手中常留有余香；多计较一点，你便多失去一点。诚以待人，诚以待己，这才是人生旅程中最美好的一种报酬方式。

有这样一个故事，也许能够给我们很多启发：

一年一度的丰年祭即将来临，由于今年的收成特别好，因此村长决定要盛大举办，大肆庆祝一番，以祈求来年的丰收。

为了使庆典更加隆重热闹，村长在空地上摆了一个大得可以容纳十几个人的酒缸，要求每一户人家贡献一壶自己酿制的小米酒，好让大家有喝不完的酒，把酒言欢，狂欢到天明。

庆典开始前，每一户人家都郑重其事地把自己带来的酒倒入大酒缸中，很快，大酒缸就被装满了，然后大家围着酒缸跳舞歌唱，好不快活。

到了庆典即将落幕时，村长带领众人伏地谢天，感谢上天的恩德，并舀起酒缸里的酒，人手一杯。

待村长念完一段酬神的祝祷文之后，大家纷纷举杯向天，然后一饮而尽，没想到酒还没喝完，大伙儿的脸色就全变了，每个人皆面有愧色，你看我，我看你，面面相觑，良久说不出一句话来。

原来，每户人家所提供的酒壶里装的都不是酒，而是清水而已。

每个人都以为在这么一大缸酒之中，用区区一壶清水充数是不会被发现的，于是大酒缸里装的都是水，没有一滴酒，令原本欢乐无比的丰年祭尴尬地收场。

如果村里的每户人家拿出的都是自家的上好小酒，那他们享用的就不是一家的，而是全村的美酒了。

在人生旅途中，我们可能由于诚信而暂时错过或付出一些东西，但是，从长远来看，那些简直都算不了什么，因为我们需要的是建立信用，树立诚信的名声，累积我们做人的资本，让别人知道我们值得信赖，而这些是不能用简单的得失来衡量的。

神话中的那位樵夫在河边砍柴，一不小心，斧头掉到了深水里。他丢了谋生的工具，无脸回家，于是坐在河边嚎啕大哭，悲叹自己运气很坏。赫耳墨斯来了，问他为什么要哭。他把自己的不幸告诉了赫耳墨斯，赫耳墨斯就跳到河里。第一次打捞出一把金斧头，问他落到水中的是不是这一把。樵夫摇摇头说："不是。"赫耳墨斯再次下水，又捞上一把银斧头。樵夫还是摇头。赫耳墨斯第三次下水，这次捞上来的正是樵夫落水的那把旧的木斧头。樵夫大喜："就是这把。"赫耳墨斯非常赞赏他的诚实，就把金斧头和银斧头也送给他了。

樵夫在金斧银斧面前，因为诚信而拒绝了一些他想要的东西。他家境贫寒，金子、银子不正是他迫切需要的吗？但是用自己的诚信获得了神的信任，最终也给自己带来了更大的财富。

为人一生，对人对己都要讲诚信，诚信是美德，诚信是财富，诚信不是一句口号，诚信要从身边的点点滴滴做起。

春秋时期晋国有位臭名昭著的昏君，就是晋灵公。他在位的时候，不但搜刮民财，增加苛捐杂税，还时常在城楼上，用弹弓射街上来往的行人取乐。有一次，他的厨师为他炖熊掌，因为没有炖烂，他一怒之下竟然把厨师给杀了。

晋国有个大臣叫赵盾，看到晋灵公这样的残忍昏庸，担心晋国将来会毁在他手里，于是就劝他不要再这样。可是晋灵公不但不听，反而对赵盾耿耿于怀，心里算计着一定要杀了赵盾，除掉这个让他不高兴的人。一天，晋灵公请赵盾喝酒。其实他是想趁此将他杀了，他早就安排十几个士兵埋伏在屋子周围，一旦晋灵公发出命令，这些人就会一起出来，杀了赵盾。晋灵公和赵盾喝酒，两人喝到酒足饭饱之后，晋灵公就大喝一声，要士兵们出来，一起围攻赵盾。幸亏赵盾武艺高强，又得到一个他曾经周济过的人的帮助，才逃了出来。

后来，赵盾的一个族弟找了个机会把晋灵公给杀了，为赵盾报了仇。并且立了新的国君，重新把在外逃难的赵盾接了回来，官复原职。

那时候，君主再昏庸也是不能杀的，作为臣子的杀害君王是不忠不义的表现。无论如何谁也不想承担杀君弑主的罪名，于是，赵盾就想看一看，史官是如何记载这件事情的。

一天下午，赵盾来到当时负责编写晋国国史的太史官董狐那里。他看了记录那段历史的竹简后，很是生气地对董狐说："晋灵公死的时候我并不在朝中，怎么能说是我杀的呢？你这样胡乱给我安插罪名，不是污蔑朝廷命官吗，你这是要被杀头的！"

董狐不慌不忙地说："您是正卿，逃亡却不出国境，回朝后又不讨伐国家的乱臣，您说在这件事情上，您是不是主谋呢？"

赵盾一听，觉得这件事的确因己而起，但他还是说："还是修改一下吧，改了对大家都好。您看如何？"董狐则严肃地说："作为一个史官，最重要的就是实事求是，黑就是黑，白就是白，来不得半点虚假，否则就是对后来人的欺骗。作为史官，我的职责就是记录真实的历史，让我为了个人私利改写历史，是无论如何也做不到的。"赵盾听到这里，脸色变得异常难看，真想杀了董狐，可是董狐却面不改色，接着说："作为一个史官，丢了脑袋对我而言是件小事，丢掉了应有的节操才是大事。"赵盾听了董狐的话，虽然心中还是有气，但是觉得他说得也有道理，被他这种诚实的品德感动，也就没有再说什么，而且此后也没有再为难董狐。

所谓的诚信，也就是诚实守信，首要的一点就是诚实，一是一，二是二，不能自欺也不能欺人。正如董狐所言，作为一个史官，最重要的就是诚信，黑就是黑，白就是白，来不得半点虚假，否则就是对后来人的欺骗。

董狐宁愿放弃官位丢掉脑袋也不愿丢掉作为一个史官应有的节操，的确令人肃然起敬，正是因为有了董狐这样宁死也要尊重事实的史官，我们才得以对历史的事实进行考查和研究。

"诚信"是我国传统道德文化的重要内容之一。"信"字是"人"从"言"。俗话说：听其言观其行。所言成真就是"诚"，"真实不欺"就是诚。中国古代思想家把"诚信"作为统治天下的主要手段之一。唐代魏徵把诚信说成是"国之大纲"，更显"诚信"之重要。古今中外任何社会都把诚实与信用作为美德加以推崇，诚实守信的人总能优先赢得别人的赞赏或认可。诚实与信用是上天赋予一个人最好的礼物，拥有这两种品质的人，无疑是天生的高贵者。

一个商人临死前告诫自己的儿子："你要想在生意上成功，一定要记住两点：守信和聪明。"

"那么什么叫守信呢？"焦急的儿子问道。

"如你与别人签订了一份合同，而签字之后你才发现你将因为这份合同而倾家荡产，你也得照约履行。"

"那么什么叫聪明呢？"

"不要签订这份合同！"

这位商人指明的道理不仅仅适用于商业领域。既然你已经许下诺言，那么不管是什么样的事情，你都不能反悔。你就必须履行诺言而不能失信。但是怎样才能做到不失信于人呢？就是不要签订这份合同！

这是精明的商人留给儿子的一份遗产：为人，就要言而有信。这份遗产也是我们每个人都应该继承的。

智慧 17
做人无信不立

做人无信不立，别人也许不小心吃你一次亏，却不表示他会继续吃你一百次亏。

果菜外销一向是中国庞大的外汇收入来源，大市场一天的成交量可达上亿人民币，在国际经济中占据重要的地位。

几年前，流行起养生风，人们开始喜欢吃绿色蔬菜，由于中国的气候环境特别适合培育山野菜，因而所种出的山野菜十分新鲜甘甜，利润丰厚且供不应求，是农民的重要生财之道。

麻烦的是，山野菜的最佳收成时间只有十天左右，采收完毕之后，还要摊在阴凉处晾晒一天，隔天翻面再晒一天，把水分充分蒸发。如此一来，主妇们买回去之后，只需要再用冷水浸泡一下，就可以吃到又鲜嫩又清脆的山野菜了。

但是种山野菜的农地有限，步骤又烦琐，一些农民于是开始想办法增加山野菜的收成，不管三七二十一，只要长到了适当的大小就采集下来。而且，为了省去晾晒的时间，干脆直接放在炉子上烘烤，不到两个小时便干透了。

这些赶工出来的山野菜，外表看来并没有什么不同，只是食用时，不管在水里浸泡多久，还是一样又老又硬，难以下咽。

经销商纷纷提出抗议，可是这些农民还是屡劝不听，商人只好对山野菜进行全面封杀。

最后，这些农民投机取巧的行为不但没有增加收益，反而换来了一堆卖不出去，又难以下咽的山野菜。

当你认为自己很聪明的时候，请记得别人也不是笨蛋。

对人诚信也就等于让自己好过，投机取巧或许能得到眼前的小利，却将失去更重要的信誉和大利。

三国时代，征战连年。有一回，蜀、魏两军于祁山对峙，诸葛亮所率领的蜀军只有十多万，而魏国的司马懿却率有精兵三十余万。

两军交锋时，蜀军原本就势单力薄，偏偏在这紧急关头，军中又有一万人因兵期将到，必须退役还乡。一下子少了许多兵力，对蜀军来说无疑是雪上加霜。

然而，服役期满的老兵也都归心似箭，忧心大战将即，可能有家归不得。两相权衡之下，将士们向诸葛亮建议，让老兵延长服役一个月，待大战结束后再还乡。

这似乎是最好的办法了，但是诸葛亮却断然否决道："治国治军必须以信为本，老兵们已为国鞠躬尽瘁，家中父母妻儿望眼欲穿，我怎能因为一时的需要而失信于军、失信于民呢？"于是下令所有服役期满的老兵速速返乡。

老兵们接获消息，感动不已，个个热泪盈眶，想到如果自己就这么走了，岂不是弃同胞和家国于不顾？

丞相有恩，军民也当有义，此时正是用人之际，于是，老兵们决定上下一心，打赢最后一场战争再走。

老兵的拔刀相助，大大振奋了其他在役的士兵，大家奋勇杀敌，士气高昂，抱着必胜的决心，在诸葛亮的领导下势如破竹，赢得了这场战争。

与其说诸葛亮神机妙算，不如说他将以诚待人贯彻始终，因此深得军心，是为一代名帅。

越在紧急的时刻，越能看出一个人的品德。最大的考验往往不是来自外界，而是取决于自己；最重要的评价也不是别人怎么说，而是如何面对自己的良心。

的确，我们不应该亵渎我们所说出的每一个承诺。因为，我们的承诺将会影响我们周围的亲朋好友。甚至极端一点，我们的承诺也许会改变他们的人生，那么我们又怎么能够不认真对待我们的承诺呢？尤其是当我们有一天成为父母教育我们的孩子的时候，更应当成为信守承诺的榜样。

智慧 18
诚信是一枚凝重的砝码

不欺骗，不隐瞒，才是正确的人生态度。远离尔虞我诈、圆滑世故，多一份真诚的感情，多一点信任的目光，脚踏一方诚信的净土，就可浇灌出人生最美丽的花朵，夯筑起人生坚不可摧的铜墙铁壁。

早年，尼泊尔的喜马拉雅山南麓很少有外国人涉足。后来，许多日本人到这里观光旅游，据说这是源于一位少年的诚信。

一天，几位日本摄影师请当地一位少年代买啤酒，这位少年为之跑了三个多小时。第二天，那个少年又自告奋勇地再替他们买啤酒。这次摄影师们给了他很多钱，但直到第三天下午那个少年还没回来。于是，摄影师们议论纷纷，都认为那个少年把钱骗走了。第三天夜里，那个少年却敲开了摄影师的门。原来，他只购得 4 瓶啤酒，尔后，他又翻了一座山，蹚过一条河才购得另外 6 瓶，返回时摔坏了 3 瓶。他哭着拿着碎玻璃片，向摄影师交回零钱，在场的人无不动容。这个故事使许多外国人深受感动。后来，到这儿的游客就越来越多。

美国的前总统林肯在竞选总统时，对选民讲话时很注意诚实。他没有钱，竞选时没有坐专车，而是按普通乘客买票坐车，每到一站，朋友们就为他准备好一辆耕田用的马拉车。他就站在马车上向选民们演说："有人写信问我有多少财产，我有一位妻子和一个儿子，都是无价之宝。此外还租有一间办公室，室内有桌子一张，椅子三把，墙脚还有大书架一个。架子上的书值得每个人一读。我本人又穷又瘦，脸蛋很长，不会发福。我实在没有什么可依靠，唯一可依靠的就是你们！"林肯这些话给人们留下了很深刻的印象，所以他被称为"诚实的林肯"。他能当选总统，在美国人的心目中排历届总统之首，甚至超过开国总统华盛顿，主要就是靠着他的诚实。

在华盛顿举办的美国第四届全国拼字大赛中，南卡罗来纳州冠军——十一岁的罗莎莉·艾略特一路过关，进入了决赛。当她被问到如何拼"招认"（avowal）这个词时，她轻柔的南方口音，使得评委们难以判断她说的第一个字母到底是 A 还是 E。

评委们商议了几分钟之后，将录音带倒带重听，但是仍然无法确定她的发音是 A 还是 E。

解铃还得系铃人。最后，主评约翰·洛伊德决定，将问题交给唯一知道答案的人。他和蔼地问罗莎莉："你的发音是 A 还是 E？"

其实，罗莎莉根据他人的低声议论，已经知道这个字的正确拼法应该是 A，但她毫不迟疑地回答，她发音错了，字母是 E。

主评约翰·洛伊德又和蔼地问罗莎莉："你大概已经知道了正确的答案，完全可以获得冠军的荣誉，为什么还说出了错误的发音？"

罗莎莉天真地回答说："我愿意做个诚实的孩子。"

当她从台上走下来时，几乎所有的观众都为她的诚实而热烈鼓掌。

第二天，有一篇报道这次比赛的短文——《在冠军与诚实中选择》。短文中写道，罗莎莉虽没赢得第四届全国拼字大赛的冠军，但她的诚实却感染了所有的观众，赢得了所有观众的心。

年幼的罗莎莉给我们所有人做出了榜样。然而，我们中的很多人在不同程度上具有不劳而获的欲望，这种欲望引导人们不知不觉地放弃了诚信。并且，它还能加深人的错觉，让人一如既往地做下去，对现实完全辨认不清，最终导致不良后果。所以，如果我们想获得持久性的成就，就必须确立并坚持诚信这一原则，在生命航船受到诱惑之风袭击时，保持高尚的道德品质，不致偏离航向。

总之，诚信是一枚凝重的砝码，放上它，我们生命的天平就不会摇摆不定，我们生命的指针将稳稳地指向一个方位，那里，正是我们的理想。

智慧 19
诚信是修身为人的基础

春秋时期，吴国国君寿梦膝下有四个儿子，在吴王的这四个儿子中，以小儿子季札最为聪明。因此，吴王很是喜欢他，并希望将来把王位传给他。

但季札听说父王打算把王位传给自己后，并没有表现出一丝的兴奋，反而坚决不肯接受。他对吴王说："父王，您还是把王位传给大哥吧。您与其把王位传给我，不如让我为吴国四处拜访邻国，这样，对吴国更好啊。"吴王听到儿子这样为大局着想，不禁拍拍他的肩膀说："嗯，你真的是我的好儿子啊。这样吧，我现在就赐予你一把代表吴国的宝剑，让你代表吴国出访。"

这样，季札就遵从父王的命令，出使各诸侯国。他第一站来到了徐国，受到徐国国君的热情款待。季札和徐国国君很谈得来，于是很快就成了无话不谈的好朋友。季札在徐国国君的盛情邀请下，在徐国多待了几天。

一天，徐王正在与季札促膝长谈，说话间，季札忽然发现徐王有点分神，他的视线总是时不时地落在自己佩带的宝剑上，眼神中透出几许欣赏、几许爱慕。季札看在眼里，记在心中。几天后，季札就要离开徐国了，徐王为他设宴送行。宴席上不但有美酒佳肴，还有优美动听的音乐，季札为这一切美好的东西陶醉。当酒喝到尽兴的时候，季札起身，抽出佩剑，一边唱歌一边舞剑，以助酒兴，也表示对徐王盛情款待的感谢。

季札的这把剑可不是一般的剑，它的剑鞘精美大方，上面雕刻着蛟龙戏珠的图案，镶嵌着上等的宝石，在灯光照耀下显得尤其漂亮。这剑的剑锋犀利，是用上好的钢制成的，看起来寒光闪闪，令人不寒而栗，挥舞起来更是银光万道，威力无穷。吴王禁不住连声称好。季札早就看出徐王喜欢这把宝剑，于是就打算把这宝剑送给徐王以做纪念。但是这把剑是父王赐给他的，是他作为吴国使节的一个信物，他到各诸侯国去必须带着他，才能被各诸侯国接待。

现在自己的任务还没完成，怎么能把它送给别人呢？

俗话说"君子不夺人之爱"。徐王心里明白季札的苦衷，尽管十分喜欢这宝剑，但是也没有说要季札送给自己。季札也知道徐王是个正人君子，是决不会提出这样的要求的。这样一来，季札就更欣赏徐王这个朋友了。临分手的时候，徐王又送给季札很多礼物以做纪念，季札被徐王的热情和体谅深深感动，于是在心中许下诺言：等我出使各国归来，一定要把这宝剑送给徐王。

几个月后，季札完成使命，踏上了回国的旅程。刚到徐国，他不顾旅途劳累，直接去拜见徐王。然而，出乎意料的是，徐王已于不久前去世。季札痛苦万分，他怀着悲痛的心情来到徐王墓前，跪在地上，对着徐王的墓说："徐王，自从上次分别后，我一直盼着早些与您重逢。我知道您很喜欢我这把宝剑，每天我都精心地把它擦拭一遍，想着再见面的时候，亲手把它送给您。现在我的任务已经完成了，不想您却先走了。我来晚了……"说着就呜呜地哭了起来。哭了一会，就把宝剑从腰间摘了下来，双手捧到徐王墓前，然后郑重地把剑挂在徐王墓前的松树上。

跟随季札的随从们见到这情景，都说："既然徐王已经不在人世了，您把宝剑挂在他墓前他也不会知道，您这样做还有什么用处呢？再者说，您当初也没说要把这宝剑送给徐王啊。"

季札擦擦泪水，严肃地说："在离开徐国之前，我就在心里许下诺言，等出访任务完成后，我就把宝剑送给徐王。君子要讲信用。如今，徐王虽然去世了，但是我还是要履行我的诺言！"

大家被季札的诚信感动了，默默地站在徐王的墓前，心中无限感慨。

虽然逝者长已矣，虽然并不曾当众许下诺言要赠送宝剑，但即使是在心中许下的诺言，季札仍然坚守，没有丝毫马虎，他履行诺言的诚意感动了所有的人，这样就更加树立了自己的威信。

诚贵在于心，信贵在于行，口头说出的是承诺，心里默许的也是承诺，兑现说出的诺言是守信，践行默许的承诺更是守信。

春秋时期，楚国有个大臣名叫石奢。一天，石奢奉命巡视全国。临行前，楚昭王对他说："这几年你忙于国事，都没有回家乡省亲，这次你可以顺路回去看看，与家人小聚几天。"石奢听了楚昭王的话，心里很高兴。其实，石奢很想回家看看，家乡的一草一木、一山一水，都让他感到亲切，每次在梦中他都会梦到家乡的人和事。尤其是逢年过节的时候，就更加思念家乡的亲人。只是他在朝中，公务繁忙，再加上家乡位于偏僻的山野之地，路途遥远，交通不便，回一次家，很不容易。

这一次，楚昭王主动提出让他回家探亲，石奢自然十分感激和兴奋。离开都城后石奢严格按照楚昭王的旨意，认真地巡视。巡视完毕后，石奢让随从们先回都城，自己则踏上了回乡的小路。

眼看就要到了自己日思夜想、魂牵梦绕的家乡了，忽然听到不远处的树林里传来吵架和呼救的声音。石奢便急忙奔了过去，他看到一个人正举着刀向另外一个人砍去。说时迟，那时快，石奢一个箭步冲上前去，紧紧地抓住了那个杀人的凶犯。可就在这个时候，他一下子惊呆了，那个手拿凶器要杀人的不是别人，正是自己的父亲。石奢牢牢地抓住他父亲的领口，非常气愤地说："父亲，您怎么能随便杀人呢？这可是犯死罪的啊。"石奢的父亲一看是自己在朝中为官的儿子回来了，顿时松了口气，接着说道："这件事情只有天知地知，你知我知，只要你不对外人说，就不会有人知道。如果你还是我的儿子，那你就放我走。"

石奢的内心矛盾极了，多年来对父母的思念与维护国法公正的信念不断在内心冲突，他真是痛苦极了。不知不觉中，他的手渐渐放松了。于是，他的父亲就趁机逃走了。此时的石奢再也没有刚才那种浓烈的思乡之情了，父亲的作为让他难以平静。他调转马头，日夜兼程地返回了都城，并把路上遇见自己父亲杀人和自己放走父亲的事情一五一十地禀告给楚昭王。他说："杀人的凶犯是我的父亲，如果我把他抓住并判他死刑，是违背孝道的，所以我不忍心这么做；但是我把父亲放走了，我就是纵容了杀人犯，这是有罪的。我作为大臣，知法犯法，是应该判处死刑的。请求大王将我处死吧。"

楚昭王是个十分爱惜人才的君主，他觉得石奢年轻有为，廉洁公正，办事得力，实在是国家的栋梁。如今出了这样一件事，如果按照法律把石奢处死了，真是可惜啊。于是，他想了想说："在这件事情上，你并没有责任，因为你并不是故意放走杀人犯的，而是你父亲自己趁机逃走的。我看这件事情就不要再追究了，你就安心地料理政事吧。"可是，石奢却说："大王，您的恩典我非常感激。但是对我来说，不偏袒自己的父亲，就不是孝子；不按国家的法律办事，就不是忠臣。我做了孝子，却违背了国法。因此，即使大王赦免了我，我当臣子的也有责任维护国家法律的尊严。"说完，他就向楚昭王拜谢离开王宫。他刚走出宫门，就立刻拔出宝剑，自刎而死。楚昭王和大臣们看了，都惊叹不已，为楚国失去这样一个奉公守法的好官而感到可惜。

古人认为，信是统治者、执政者有效治理国家、维护统治的根本保证，厉行法制，坚持有法必依，执法必严，违法必究，是最高的诚信。

石奢发现自己的父亲行凶杀人，并使得父亲逃脱，这件事虽然只有天知地知，但是他却如实向国君做了报告，说明他是诚信之人；而他婉拒赦免选择自刎，说明他又是守信之人。石奢以死维护了国家法律的尊严，维护了人们对法律的信任。

智慧 20
你的诚信也要因人而施

唐朝大将李抱真坐镇潞州的时候，经费相当缺乏，而且没地方筹措，他实在想不出其他办法，居然打起了歪主意，把脑筋动到一位在地方上广受信徒尊敬的老和尚身上。

没多久，李抱真便派人恭恭敬敬地把和尚请来，对他说："我想仰赖您的德望，筹措一些军饷，可以吗？"

老和尚答应后，李抱真又说："那就请您向信徒们宣布，您将选择一个良辰吉日，在球场自焚而死。不过，您不必担心，其实这只是个噱头，我会事先在附近的一间房屋中，挖一条地道，与球场相通，等大火点着之后，供您逃生之用。"

老和尚觉得能为军队做点事，就毫不迟疑地接受了这项要求。

回家后，老和尚就开始准备相关事宜，而李抱真也着手在球场堆放柴薪、油脂等工作，当一切都准备就绪后，便开始了七天的法事。

在此期间，李抱真也邀请老和尚进入地道仔细察看，以进一步取得他的信任。

法事开始了，老和尚登上祭坛，手拿着法器，煞有介事地对众人讲经说道；李抱真则率领着部下，恭敬地和信徒们一起站在祭坛下顶礼膜拜。

当法事进行到了尾声，老和尚依照先前所宣称的，准备引火自焚，没想到，李抱真却早已暗中派人把地道给堵死了。

结果可想而知，好心没好报的老和尚，与柴火一同化为灰烬。

由于李抱真第一天就率先把自己的俸禄全数捐了出来，作为供佛之用，信徒们受到这番感召，个个争先恐后地慷慨捐献。

就这样，七天下来，布施的财物可以说是累积得相当可观。

可是，老和尚死了，一切秘密皆归于尘土。最后，李抱真一一清点财物，达到了他借机筹措军饷的目的。

李抱真为达目的不择手段，竟然利用信徒对老和尚的敬重，以及老和尚对他的信任，大费周折设计了一桩神不知、鬼不觉的骗局。但这场骗局，也是对诚信的侮辱。

对于老和尚而言，抱着好心，却很粗心，竟然同意以骗人自焚的极端方式，来成全筹措军饷的"公益"目的，没想到竟是骗局一桩，连自己的命都赔了进去。

可见，任何美好的目的，若没有正当的手段，就是一种丑陋的行为、骗人的伎俩，更可能潜藏着看不见的危机。所以说，凡我平凡众生，光有好心还不够，可不能太粗心啊！

有一位老人临死前，将他的律师、医生和牧师全叫到床前，并分送给每个人一个装有两万五千美元的信封。

老人希望自己死后，他们能遵照自己的交代，将这些钱放到棺木里，让他能有足够的钱长眠于天堂。

不久之后，老人便去世了。

在入殓的过程中，律师、医生和牧师都将信封放在老人的棺材中，并祝他们的委托人能够安息。

几个月之后，这三个人在一场宴会中相遇。

牧师一脸歉疚地说，在他的信封里，其实只放了一千美元，他认为与其全部浪费在棺材里，不如将其中一部分捐给福利机构。

医生被牧师的诚实深深地打动，也供出了自己把钱捐给一个医疗慈善机构，信封里只装了八百美元。他也认为，与其把钱无谓地浪费掉，还不如用在其他有意义的事情上。

这时，律师却对他们的作为，露出不以为意的表情。

他慢条斯理地说道："无疑的，我是唯一对死去的老朋友最守信用的人，我必须让你们知道，我真的在信封里放入了全部的金额，因为我在这个信封中，放了一张面额两万五千美元，写了我的大名的私人支票。"

非常有意思的小故事，谁才是真正信守诺言的人呢？

律师把金钱放进自己的口袋，并把两万五千美元以支票取代，毫无疑问的，他才是最聪明，也是最守信用的人，因为，他"真的"一点也没有违背对朋友的承诺。

这是一个简单的价值认定，对一个临死老人的请托，"数字的完整"才是他所要的，所以，当牧师与医生各取所需地把金钱挪用时，他们便已违背了承诺，因为数字已经不完整了。

他们应该像律师一样，把钱全数交给福利机构，并另立一张两万五千美元的支票以告慰死者！

也许有人对律师将金钱据为己有的行径不能认同，不过在"金钱生不带来，死不带去"的现实生活中，我们既要遵守对生者的承诺，也要让他的遗愿更具意义地完成。

对律师而言，他的价值认定就在这一念之间，虽然做法或许有瑕疵，却也没什么大错！

智慧 21
诚信才能够取胜

樊於期，战国时期秦国人，是秦国的大臣。他生活期间，秦国的国君正是后来的秦始皇嬴政。根据野史记载，当年嬴政的父亲异人，是秦国的皇子，年轻的时候被派往赵国做人质。赵国当时有个富商叫吕不韦，虽然他很富有，甚至比许多王侯还要富有，但是，当时商人是最没有地位的，人们往往称商人为"奸商"。

吕不韦是个野心很大的人，钱财对他来说已经不能满足他内心的要求了，他要改变自己目前低微的社会地位。于是他看中了秦国的异人，虽然贵为皇子，但是因为在赵国做人质，所以生活很简单，住着最一般的房子，吃着最普通的饭菜，出门还坐着破旧的车子。吕不韦觉得异人将来很可能成为秦国的国君，所以他要帮助异人。于是，他就给异人送来了金银珠宝，送来了锦衣玉食，更重要的是他还把自己已经怀有身孕的爱妾送给了异人。他要让自己的儿子将来能够继承秦国的王位，而那时自己就成了太上皇，自己的地位就贵不可言了。

后来，在吕不韦的帮助之下，异人回到了秦国，做了秦国的国君，立嬴政为太子，封吕不韦为丞相。

异人死后，嬴政即位当了国君，可是他发现自己并非异人的亲生儿子，他的生父是吕不韦。按照当时的规定，嬴政不是皇室的子孙，不是真龙天子，是不能继承王位的，而且这还犯了欺君的大罪，是要被处死的。嬴政为了保住自己的王位，保守这个秘密，就找借口把所有知道这件事情的人都给杀了。最后剩下的只有大臣樊於期。樊於期知道嬴政肯定会杀他，于是就跑到了燕国去避难，住在他的朋友荆轲家里。

樊於期是个以大局为重的人，他知道如果自己把这个秘密说出去，那么会引起秦国的骚乱，为了争夺这个王位，不知道有多少人已经丢了性命，他不想再继续制造混乱。于是，他决心保守这个秘密，尽管嬴政一再派人追杀他。后来，嬴政逼燕国交出樊於期的人头，不然的话就派兵攻打燕国。燕国当时的实力比秦国弱，如果打仗的话，肯定会吃亏。樊於期知道这件事情后，就主动找到荆轲，要献出自己的人头，以免因为自己而使燕国陷入战争。他在荆轲面前拔刀自刎，在死前他对荆轲说："将来您见到秦王，告诉他，大后宫的秘密我对谁也没有说。"

秦王嬴政是个野心很大的人，他想统一华夏，因而对燕国发动战争是迟早的事，要燕国交出樊於期的人头只不过是个借口罢了。为了阻止秦国发动战争，燕国太子丹决定以送樊於期的人头为借口派人刺杀嬴政，这个任务就交给了荆轲。

荆轲刺杀秦王失败，被嬴政用剑刺穿了胸膛，在临死的时候他鼓足全身的力气对嬴政说："樊於期让我告诉您，大后宫的秘密他对谁也没说。"接着又断断续续地说："想不到秦国是这么不讲信用的国家，竟然还有樊於期这样舍生守信的人！"说完，就咽气了。秦王听了之后，非常震惊，后悔当初不应该迫害樊於期。

信是一个人立身处世的根本，人能守信才能立足于社会。同时守信也应该有一定的原则，不能无原则地守信。故事中的樊於期就是以大局为重，舍生取信，真的是难能可贵。

樊於期宁肯自刎也保守住了嬴政的秘密，并且托付给他的朋友荆轲，这就是真正的诚信所为，而荆轲也坚守了承诺，将樊於期所说的话转告给了不讲诚信的嬴政，为诚信献出了自己的生命。虽然樊於期和荆轲最终的结局非常悲壮，但是他们的所为是非常值得我们学习和景仰的。

人的一生，实际上是同环境作斗争的一生。每个人都想创造良好的生存环境，在诚实信用的基础上，再利用自己的聪明才智，才是创造辉煌未来的根本。一个诚信的人，就是一个心地善良的人，一个心胸宽阔的人，一个心底坦荡的人，一个能够成就事业的人。

智慧 22
己所不欲，勿施于人

"忠恕违道不远，施诸己而不愿，亦勿施于人。"

"一个人做到忠恕，离道也就差不远了。什么叫忠恕呢？自己不愿意的事，也不要施加给别人。"

孔子思想学说的最大贡献，就是创立了以"礼""仁"为核心的道德学说。其中"仁"的核心思想就是"爱人"，要求做人应该心地善良，同情别人，以友好、真诚的态度与别人交往沟通。这种仁德的具体表现就是"己所不欲，勿施于人"。这就告诉我们要以己度人，将心比心，了解他人的处境，施威的同时为对方着想，以仁爱之心去行事。

"己所不欲，勿施于人"的思想体现在为人处世上，请看下面这个小故事。

从前，有个财主专门刁难别人。一天，他拿空瓶要求隔壁一个穷人家的小孩帮他买酒。小孩问："没钱怎么能买酒呢？"他却说："花钱买酒谁不会，没钱买酒才算真本事！"

过了一会儿，小孩回来了，把酒瓶递给财主说："酒打来了，请喝吧！"财主一看，是个空瓶子，便问："一滴酒也没有，叫我喝什么呀？"小孩不紧不慢地说："有酒谁不会喝，没酒喝出来才是真本事！"

"搬起石头砸自己的脚"往往是"己所欲，强施于人"的后果。此外，这种思想不仅适用于个人，而且也适用于国家与国家之间。

在第二次世界大战期间，日本偷袭美国太平洋舰队基地珍珠港，美军猝不及防，损失惨重，被击沉和重创战舰 8 艘、轻巡洋舰 6 艘、舰队驱逐舰 1 艘，损毁飞机约 270 架，伤亡人员 3400 余名。日军从此夺得制海权，并进攻菲律宾、马来西亚、印度尼西亚等地，导致太平洋战争全面爆发。

美国决定使用原子弹加速日本的溃败。没过多久，一颗长 10 英尺的原子弹从广岛上空落下爆炸，广岛市 60%的建筑被摧毁，8 万人丧生，5 万余人受伤或失踪，因灼伤或核辐射病不断死亡者近 10 万。面对第一颗原子弹爆炸，日本仍拒绝宣布投降。3 天以后，另一颗原子弹从长崎上空落下爆炸，长崎市中心被夷平，约 3.5 万人死亡，受伤者不计其数。

这种惨况，肯定不是日本人希望发生的。既然日本不希望出现这样的结果，又何必去侵略别国呢？

所以为人处世，应当时时在意，注意人际交往中的原则性，同时掌握交往过程中的技巧性。任何事情都应当有一定的分寸、尺度，威严并不是时刻都需要展现的，宽恕那些值得宽恕的，自己不愿做的事，就不要强加于他人，这才是为人处世的真谛。

智慧 23
施之以恩，动之以情

人人都有欲望，都有积极向上的想法。贤能的人希望自己更贤能，尊贵的人希望自己更尊贵，富裕的人渴望自己更富裕。作为一个精明的领导，就得学会利用人们的这一点，在施威之后懂得善后，采取适度激励的办法鼓舞士气，提高大家的积极性。对于这一点，燕太子丹的做法就值得我们借鉴。

春秋战国时期，燕太子丹为了谋杀秦王，四处寻找杀手。后来有人推荐荆轲，说他是齐国大夫庆封的后人，十分神勇，而且喜怒不形于色，是一位很好的人选。

燕太子丹听了这个消息后，立刻到酒市里去找荆轲，想方设法地笼络他，给他修筑了一座住宅，名为"荆馆"，一切设施在当时都是最先进、最气派的，平日锦衣玉食，精选美女。有一次荆轲与太子丹一块游东宫，看见水池旁边有一只大龟，荆轲一时高兴就拣起一块瓦片掷了过去，太子丹看见后，就赶快让人捧来金丸，让荆轲用来代替瓦片，投掷取乐。

还有一回，荆轲与太子丹一块儿骑马，太子丹的马是一匹日行千里的宝驹，平日十分宠爱。荆轲说马肝的味道不错，没过多久，厨师就给荆轲送来一盘炒马肝，荆轲一问，原来燕太子丹已经把他的宝马杀了，特地取出马肝，为他下酒。

尽管荆轲最终没有完成太子丹的宏愿，但是太子丹笼络人心的做法仍受到后人称道。

作为领导者，高高在上，有钱有势，威严固然重要，但是若不懂通融，在施威之后不去善后，就往往民心大失，得不偿失，这是每一个现代的管理者应该尤其注意的。

智慧 24
互助互进，互惠互利

世事难料，一个人活在世上难免会有身处危难、举步维艰的时候，所以，帮助他人就是帮助自己。我们来听听爱因斯坦的说法。

一个富人对爱因斯坦说："人们都不喜欢我，都说我太自私小气。可是我的遗嘱上已经写好，要把我所有的财产捐给慈善机构了。"爱因斯坦说："也许有个牛和猪的故事，可以给你一点启示。有一头猪到牛那里，抱怨说：'别人总是说你很友善，因为你给他们牛奶。可是他们从我身上带走的东西更多，他们得到的香肠、火腿、肉什么的不都是我的吗？就连我的蹄子也让他们拿去炖了。可是谁都不喜欢我，对他们来说，我只是一只令人讨厌的猪，你能不能告诉我为什么会这样呢？'牛想了一会说：'可能是因为我活着的时候就给予他们了。'"

一个平时一毛不拔的人，是不可能有朋友的；但如果把自己的一切都给了别人，自己便一无所有了。可见，人际关系存在着一个"成本"问题，使用的方法得当，就降低成本，从而获得人心。比如，社会上的捐助、义卖等公益事业，表面上资助一方是毫无利益而言的，但是在活动过程中，他们却变相地做了"广告"，并且这种"广告"所取得的利益要远远比其他方式得到的多，所以，每一个资助的人就从中收回了成本。

古人说："滴水之恩，当涌泉相报"，当你在他人危难的时候伸出援手，从而帮他渡过难关的话，他一定会记着你，也必然会感激你。要想别人将来帮助你，你就必须先去关心、感动别人，这样才有可能赢得他人对你的感激或回报。李嘉诚就是最好的证明。

香港的塑胶原料全部依赖进口。当年，金融危机波及香港，而当地的进口商趁机垄断价格，有不少厂家被迫停产，甚至是濒临倒闭。就在这危及香港大部分企业命运的时刻，李嘉诚毫不犹豫地站出来，在他的倡议和领导下，数百家塑胶厂家入股组建了联合塑胶原料公司。原来单个塑胶厂家由于厂家规模小，需求量也少，从而无法直接从国外进口原料，现在由联合塑胶原料公司出面，需求量比那些作为中介的进口商还要大，因此国外的原料商也都愿意与他们直接合作。公司所购进的原料，按实价分配给股东厂家，这样，进口商的垄断不攻自破了。李嘉诚也因此被称为香港塑胶业的"救世主"。

不管你是一个多么有才能的人，也不可能孤身一人打拼，避免不了要与他人打交道。如果你见死不救，甚至是怕他东山再起对你不利而落井下石，那么，当你遇到困境的时候，别人就会隔岸观火、袖手旁观。

你在关键的时候帮助人，别人也就会在关键的时候帮你，这看起来似乎是一个等价交换，但这就是互助，是双向关系。

庄子说，"君子之交淡如水，小人之交甘若醴"，"君子周而不比，小人比而不周"。孔子说："君子和而不同，小人同而不和。"意思都是说小人心胸狭窄，不能善意地对待别人。而君子则会以德服人，以善待人。总是对人施以恩德而不是总是怨恨别人，正是中庸待人的最好方法。

自古以来，中国历史舞台上就上演了一幕幕令人伤心不已的小人斗君子的人间闹剧。如屈原投江、韩非囚秦、孙子膑脚、贾谊痛哭、杜甫落魄、李白飘雪、苏轼贬放、嵇康下狱、岳飞被害……每每提及这些人间悲剧，善良的人们无不为之扼腕叹息，悲愤不已。

司马迁《史记》中有一卷历数小人得志、君子落难的史实后，对天道常常助佑天下善良之人的说法，表示了绝大的怀疑和绝深的困惑！一千年后，韩愈在《与崔群书》中又写道：自古贤良的人少，恶劣的人多，虽然贤良的人生存艰难，不贤良的人处处得意，但那些贤良的人却不会放弃自己的贤良。针对这样的社会现状，韩愈也发出了同样的诘问："不知上天什么时候才会扭转这样的局面，让贤良的人得志，让不贤良的人受难。"

就韩愈的困惑，李国文在《谢宣城之死》中说："如果有上帝的话，一定是他老人家有这种恶作剧的偏好；当一个有才华的文人出生在这个世界上的时候，他总要安排一百个嫉妒有才华的小人，在其周围。"

萧乾先生在回忆了历史惨痛遭遇后，曾谓"我对人生失去了信心"。

这些先贤对小人的痛恨而又无奈之情由此可见一斑。有句话说："惟小人和女子难养也。"小人之所以难养，不在于他身矮体弱身材小，而在于心胸、气量以及他的所作所为。小人通常心胸狭窄，记仇就记一辈子，任你再做千件事也抵不上你得罪他的那一件事。

公元前 527 年，楚国的国君楚平王给儿子娶亲，选中了一位秦国姑娘，楚平王让大夫费无忌前去迎娶。费无忌到秦国看到姑娘后大吃一惊，这姑娘太漂亮了，美若天仙。在回来的路上，费无忌开始琢磨起来，他认为这么美丽的姑娘应该献给正当权的楚平王。这时，车队已接近国都，国人也早知太子要娶秦国姑娘为妻，但费无忌还是抢先一步到王宫，向楚平王描述了秦国姑娘的美丽，并说太子和这位姑娘还没见面，大王可先娶了她，以后再给太子找一个更好的姑娘。楚平王好色，被费无忌说得动了心，便同意了，并让费无忌去办理。费无忌稍做手脚，三下两下，原本是太子的媳妇，转眼就成了楚平王的妃子。完成这事后，费无忌既兴奋又害怕，兴奋的是楚平王越来越宠信他，害怕的是这事得罪了太子，而太子早晚会掌大权。于是，费无忌又对楚平王说："那事之后，太子对我恨之入骨，我倒没什么，关键是他对大王也怨恨起来，望大王戒备。太子握有兵权，外有诸侯支持，内有老师伍奢的谋划，说不定哪天要兵变呢！"楚平王本来就觉得对不起儿子，儿子一定会有所动作，现在听费无忌这么一说，心想果然不出所料。便立即下令杀死太子的老师伍奢及其长子伍尚，进而又要捕杀太子，太子与伍奢的次子伍员只好逃离楚国。

用"小人"两字来形容费无忌实在是再合适不过了。如果谁得罪了这样的人，日子一定不会好过，不被他弄死也得被他剥了一层皮，因为这样的小人是没有情义可言的，他们心里想的只有自己的利益，为了维护自己的利益，他们绝不会心慈手软，什么歹毒的办法和歹毒的手段都会使出，在他心里没有半点仁慈可言。

互助互进，互惠互利

君子好名，小人爱利；君子成人之美，小人坏事有余；君子大度，小人小气；君子坦荡荡，小人长戚戚；君子爱财，取之有道，小人好色，苟苟且且；君子好色，纳之以礼，小人爱财，不择手段；君子知恩图报，小人恩将仇报；君子助人为乐，小人损人利己；君子不念旧恶，小人睚眦必报；君子爱脸如命，小人没皮没脸……君子之比小人，犹如泰山之比沙丘，黄河之比细流，阳光之比阴暗。得罪了君子，君子自然不会放于心上，大家仍是亲朋好友；而得罪了小人，却等于给自己树立了一个顽敌，早晚会受到小人的报复。

这个世界里，只要有君子存在的地方，就必然有小人存在，就像有真必有假，有明必有暗一样，君子存在，小人就永远不会灭绝。既然处世之中，我们都免不了要与小人接触，与小人共事就很有必要多长几个心眼，不要在言语上刺激他们，更不要在利益上得罪他们。自古以来，君子常常斗不过小人，因此小人得志便张狂。但邪不压正，小人为恶，终究会有力量克制他们。

首先，应与小人保持应有的距离。中庸待小人，即不要和小人太亲密，只保持淡淡的关系就行。但也不要过于疏远，好像不把他们放在眼里一样，否则，他们会这么想：有什么了不起，看我怎么收拾你。

其次，不要乱说话。祸从口出，不知道哪句话就会得罪小人，让他们抓住口实，这实在是得不偿失。

第三，不要有利益纠葛。千万不要与小人有利益上的往来，不然你的那点血汗钱就会被人算计跑了。到那时，没有人能帮助你。

最后，与小人交往要做好"吃亏"的心理准备。小人也会因为无心之过而伤害你，如果是小事就算了，千万不要与他计较。因为你计较了，就会使你们的积怨加重，结下不能解开的仇恨。那就不如咽下这口恶气。如果是重大原则问题，尽量以理服人、以情感人，通过中庸之策妥善加以处置。

智慧 25
言多语失，祸从口出

人不可能不说话，交际办事，人来人往，语言是沟通的工具。有的人口才颇佳，总是口若悬河，舌灿莲花；也有的人寡言少语，吐字如钉。世上有万人，便有万种说话方式、说话风格。但不管怎样，说话都是为了给别人听。古人说："君子慎言，祸从口出。"就是说，作为一个君子，不要对人对事妄加评说，有些事自己心知肚明就行了，有些话能不说就不说，实在没办法，几句闲聊，也就过去了。说话多了，就不可能全是好听耐听的话，往往会有口误，或者攻击了别人，伤了人家的自尊，或者留下话柄，成为别人攻讦的口实。因此，说话也要遵循"中庸之道"。

话不在多，声不在高，恰到好处，理最关键。

明朝洪应明先生道："十语九中未必称奇，一语不中则愆尤骈集；十谋九成未必归功，一谋不成则訾议丛兴。君子宁默勿躁，宁拙勿巧。"这段话的意思是说，做人要谨言慎行。即使话你能说对九句也未必会有人称赞你，但是假如你说错了一句话，就立刻会遭到别人的指责，即使十次计谋有九次成功也未必得到奖赏，可是只要有一次失败，埋怨和责怪之声就会纷纷到来，不绝于耳。所以一个有修养的君子，为人宁肯保持沉默寡言的态度，不骄不躁，宁可显得笨拙一些，也绝对不自作聪明，喜形于色。

佛说"不落言论"，也有一种语言文字无法达意，容易被人误解的无奈。当初，释迦牟尼在莲花池上，面对诸位得道弟子，拈花微笑，而只有一位尊者领悟了佛的意思，遂有了禅宗的起源。这个故事总是令人感动不已。

人际关系是那样的难以处理，有时你好心规劝别人，不料却会惹恼别人，轻则伤了和气，重则引火烧身。君不见在今天的互联网上，你方闭口他登场，大家整天沸沸扬扬地吵来吵去，有人抛出一个观点，马上就有人予以驳斥；

就连北京大学的于丹教授写就了《论语心得》这样一部著作，也引起很多人的斥责及轰动，令人不得不深思。一些学术批评，在内行人看来，批评者和被批评者几乎是风马牛不相及的事情，很多不入流的批评者都在夸夸其谈，煞有介事地评论一些影响很大的作品在某个史实上的失误，反而把自己贬低到不如被批评者的位置。批评者往往吹毛求疵，达不到被批评者的高度和深度。但无论是原作者还是批评者，都违背了"中庸之道"的处世哲学，都是在思想和语言上踏上了自以为是的极端。

有一首诗说："缄口舍人训，兢兢恐惧身。出言刀剑利，积怨鬼神嗔。简默应多福，吹嘘总是蠢。"如果说一句话而坏风俗，而损名节，而发人阴私，而启人仇怨，那么，这样的话害处就太大了，离灾祸临头也就不远了。这样的话，是千万不可以说的。一个人有缺点，有错误，你不妨指出来，让他改正，但前提是你必须深深了解他，保证他能接受你的批评。不然，你说也白说，还会结下仇怨。如果你还看不到利害所在，继续多言，可真是"闲吃萝卜淡操心"了。

"誉我则喜，毁我则怒"，本是人之常情。聪明的人知道，别人可以毁誉加于我，我不可以毁誉加于人。唇齿之伤，甚于猛兽之害；刀笔之烈，惨于酷吏之刑。只是一句话，却可以侮辱一个人，并辱其子孙，辱其祖父，加深你和对方的仇怨。

每个人的经历都是不同的，所接触的人，所听到的话就更不相同了，相同的一件事，在不同的人眼里，就会有不同的看法和观点，这是很自然的事。但是，如果谁都不肯让步，谁都不承认自己的观点是错的或者偏的，大家就会吵个不休。只持一端不及其余，其实于理不通，于事不周，若又对批评意见听不进去，刚愎自用，则是天下的大害。

没有善恶之心，常作阿谀之态，工逢迎之计，习善柔之辞，这种人只能逞口舌之能，终究是不会成就大事的。有些人喜欢直言快语，肚子里放不住几句话；有些人说话不经脑子，自己也知道"嘴巴比脑子还快"，自己说出的话大脑还没分辨出是对是错，就已经伤了别人的自尊；也有些人个性坦白，不会说假话，知道什么就一五一十地把它搬出来。其实，这都不是正确的处世做人方法。

吕坤在《呻吟语》中说："到当说处，一句便有千钧之力，却又不激不疏，此是言之上乘。除外虽十缄也无妨。"这就是说，保持沉默比许多废话更有益处和涵养。不然，什么事都乱说一通，只会给自己带来灾祸。三国时曹操手下的杨修若不是心无城府地到处乱说，岂能丢掉自己的身家性命？历史上这样的教训真是太多太多了。

谨行中庸之道，不让自己的嘴巴成为惹祸之根，这一点虽很难做到，但我们必须学会。

智慧 26
结朋交友，亲疏有度

人是群体性动物，行走于社会上，不能当个孤家寡人，总是要结朋交友的。中国的传统文化中一直把交友看得十分重要。交友要达到相知相悦、相帮相助的目的。

孔子一生都很注重与人的交际，他在率领弟子周游列国时，就多次讲到交友的原则。其中，最重要的一条就是要亲疏有度。孔子认为，交友太过疏远和太过亲密都不是最佳状态，所谓"过犹不及"。

孔子的学生子游说："事君数，斯辱矣；朋友数，斯疏矣。"意思是说，作为臣子的，如果有事没事总是跟国君亲近，离自己受到羞辱的日子就不会远了；作为朋友，有事没事总要跟朋友在一起，虽然看上去很亲密，但离自己受到疏远的日子也不会久远了。

有一个名叫《豪猪的哲学》的寓言，有一群豪猪，身上长满尖利的刺，大家挤在一起过冬。开始它们总是不知道大家应该保持什么样的距离，互相离得远些，就借不着热乎劲了，于是就往一块凑；一旦凑得近了，尖利的刺就彼此扎破了身体，就又开始疏离；而离得远了，大家就又觉得寒冷……经过很多次的磨合，豪猪们才终于找到了一个既不扎伤彼此，又能让彼此感到温暖的距离。

这个故事用于人与人之间的朋友交往真是恰如其分。无论怎样亲密的朋友，也还是要保持一定的距离为好。所谓"花未全开月未全满"，才是最好的境界。

古语道："不责人小过，不发人隐私，不念人旧恶。三者可以养德，亦可以远害。"又云："持身不可太皎洁，一切污辱垢秽要纳得；与人不可太分明，一切善恶贤愚要容得。"

《中庸》
64 个人生智慧

　　大千世界，芸芸众生，可谓什么样的人都有。我们立身处世不可太过自命清高，过分挑剔别人，责难别人，而应学会"清浊并包，善恶兼容"，这样既可以养德远害，又可结交众多的朋友，左右逢源，以利于自己的发展。诚如秦朝丞相李斯在《谏逐客书》中所说："泰山不让土壤，故能成其大；河海不择细流，故能成其深；王者不却众庶，故能明其德。"

　　郑板桥在交朋结友这方面很看重交情，同时也与朋友亲疏有度，保持与朋友最恰当的距离，对朋友去留、结交和散伙都顺其自然，所以他深受文人雅士推崇。朋友间的沟通是不应带有任何功利目的的，其真谛在于心灵上的共鸣。古语说："君子以淡泊相近，小人以利益相近。"真正的朋友，其关系绝不能以利益相维系，那样只能是为人们所唾弃的"酒肉朋友"。

　　君子之交，应重在心灵的交流。朋友之间的交流应"淡而不断"。交往过密便有势利之嫌，而断了"交往"，时间便会无情地冲淡友情。特别是在生活节奏加快的今天，朋友间也许很难有机会在一起聊天、交流，因此更需要注意友情的维护，平时多打一些电话，相互问候一番，也会起到加深感情的作用。朋友间超脱了利害关系的交往会使双方更加珍视友情。

　　德国诗人海涅有一次收到一位友人来信，拆开信封，里面是厚厚的一沓白纸，一张紧紧包着一张，他拆开一张又一张，总算看到最里面的很小的一张信纸，上面郑重其事地写着一句话："亲爱的海涅，最近我身体很好，胃口大开，请君勿念。你的朋友露易。"

　　过了几个月，这个叫露易的朋友也收到了海涅寄来的一个很大很沉的包裹。他不得不把它抬进屋里，打开一看，竟是一块大石头，上附一张卡片，写道："亲爱的露易，得知你身体很好，我心上的石头终于落下来了，今天特地寄上，望留作纪念。"

　　这肯定是露易一生最为难忘的一封信。这不仅让人感到朋友间的坦诚与随和，更让人想到了朋友间的友爱与热情。

　　有一首《半糖主义》的歌里唱道：我要对爱坚持半糖主义，永远让你觉得意犹未尽，若有似无的甜才不会觉得腻；我要对爱坚持半糖主义，真心不用天天粘在一起，爱来得不易，要留一点空隙彼此才能呼吸……这是一首爱情歌曲，讲的是恋爱的道理，但其实半糖的含义，可以用在生活的各个层面，它其实就是指人们对交朋结友乃至工作生活的中庸把握。

中国有句老话，"君子之交淡如水"，这句话与半糖的主张有异曲同工之妙，有一点亲密，有彼此的关心，但又不会太近，不会妨碍他人的私密空间。比如我们对事业，应该努力争取成功，顽强拼搏，但又不能急功近利；我们对友情，应该懂得珍惜，好好把握，但却不能束缚他人，掌握亲密有间的原则，给对方以足够的快乐和自由。

结朋交友，亲疏有度，是一种健康有益的交友态度。太亲近了，会使人觉得为友所累，让朋友觉得自己是个负担；而太疏远了，又会使朋友感到形同陌路，失去了作为朋友的本来意义。所以，交友的最佳状态就是掌握亲与疏的尺度，在若有若无间体会交友的乐趣，领悟甘苦参半的人生真谛。

智慧 27
德刑并用，四方敬服

最成功的为官者是不屑于以权压人的。他们让人口服心服的除了其独特的人格魅力外，大都在行事上秉承赏罚分明这一中庸之道。对于实绩和政绩突出者给予重奖，对于成绩平平或者没有政绩者给予一定的惩罚，这样就会让能力卓越的人看到希望，使能力平庸的人看到不足，从而更加努力地履行好自己的职责。

皇太极是后金大汗努尔哈赤的第八个儿子。他从小就嗜好读书，尤其熟读历史典籍，并善于借鉴、运用于领兵治军。他身材高大，体魄健壮，武功很好，尤其擅长步射、骑射；对勇士也特别喜欢，继承父位后，也就十分重视擢拔勇士。

1628 年，皇太极率十万大军包围了明朝的遵化城。天刚放亮，皇太极下令攻城。这是一场异常惨烈的攻坚战。明军壁垒森严，箭矢、滚石如雨，八旗兵士冒着炮火，迎着箭矢、滚石，奋勇攻城。很多战士抬着云梯冲到城下，攀梯而上。其中有个士兵名叫萨木哈图，他不顾乱石飞矢，第一个奋勇登上城头，挥舞着明光闪亮的大刀，一连砍倒十几个守城的明军，使后援的清军乘机一拥而上，攻破了明军的城防，并迅速扩大战果，占领了全城。

萨木哈图勇猛奋战，第一个登城的事很快就被皇太极知道了，皇太极十分高兴，立即召见了萨木哈图，并与之畅谈了许久。

过了几年，皇太极在遵化城举行庆功大会。会上，凡立功的都被叫到他面前，由他亲自授奖。当萨木哈图走到皇太极跟前时，皇太极端着最名贵的金卮，亲手斟满美酒，赐予萨木哈图，并看着他把酒喝下去，然后当众宣布封他为"备御"，授予"巴图鲁（英雄）"的荣誉称号。顿时，整个会场欢声震动，全都沸腾起来，因为萨木哈图原来只是一个普通士兵、无名小卒。

接着，皇太极又赐给萨木哈图一批贵重物品予以嘉奖，一峰骆驼、一匹蟒缎、二百匹布、十匹马、十头牛，还规定萨木哈图的子孙后代承袭备御爵位，他本人今后如有过失可以一律赦免。

在以后的战斗中，皇太极对萨木哈图一直予以爱护，不再让他冒险冲杀。但此次凭功授奖，让皇太极手下的兵将们看到，只要有真本事，能够杀敌立功，即使是无名之辈，也会受到提拔和奖赏。由此，每逢攻坚，将士们都冲锋陷阵，争当勇士，清军的战斗力也大为提高。

论功赏罚是领导者管人的最佳手段。当官者对人功过清楚，赏罚分明才能激发下属的积极性、主动性和创造性，才会调动人们向着争取奖赏的目标努力。同样，对拒不努力者施以必要的惩罚，鞭打懒驴，才会对下属有警戒作用，使之克服人性的弱点，努力投身于争取奖赏的工作中去。

早在先秦时期，韩非子就明确指出："凡治天下，必用人情，人情有好恶，故赏罚可用。"

在中国历史的数千年中，大凡有作为的政治家，不论是刘邦、曹操，还是李世民、朱元璋等，无不是深谙赏罚二术的好手。

奖赏是正面强化手段，即对某种行为给予肯定，使之得到巩固和保持；而惩罚则属于反面强化，即对某种行为给予否定，使之逐渐减退。这两种方法，都是领导者驾驭下属不可或缺的。

领导者运用时，必须掌握两种不同特点，适当运用。一般说来，正面强化立足于正向引导，使人自觉地行动，优越性更多些，应该多用。而惩罚，由于是通过威胁恐吓方式进行的，容易造成敌对情绪，要慎用，应将其作为一种补充手段。

强化激励，可以获得领导者所希望的行为。但并非任何一种强化激励，都能收到理想效果。从时间上来说，如果一种行为和对这种行为的激励之间间隔时间过长，就不能收到好的激励作用。因此要做到"赏不逾时"。

对违背了规章制度的人进行惩罚，必须照章办事，该罚的一定要罚，该罚多少即罚多少，来不得半点仁慈和宽厚。这是树立领导权威的必要手段，

《中庸》
64个人生智慧

西方管理学家将这种惩罚原则称之为"热炉法则"，十分形象地道出了它的内涵。

抗战时期，第五战区司令长官李宗仁将军受命组织徐州会战。在台儿庄战役中，山东战区的韩复榘为了保存自己的实力，拒不执行合围命令，以致丧失战机，给了日本突围喘息的机会。对韩复榘此举，李宗仁既冷静又愤怒，果断给予军法从事，就地执行枪决。此举极大振奋了民心、军心，为台儿庄大捷扫清了思想障碍。

历史上，孙武杀吴王宠姬，一下子就慑服了宫女；司马穰苴斩庄贾，使敌军为之却步，而吴起重赏士卒，魏文侯为将士父母妻儿摆宴，使数万士卒不令而战。可见，赏罚分明不失为有效的执法手段和激励人心、鼓舞士气的方法。

奖赏人是件好事，奖一人就可以鼓励更多的人为之献计出力。惩罚显然会使人痛苦，但也绝对必要。领导者必须兼具软硬两手，实施起来要坚决果断。

智慧 28
示强逞能，过犹不及

无论你的能力是否超越了上司，只要你的职位还在上司之下，就不要表现出比上司更有能力，更有水平的样子。如果为官者没有这样的自知之明，时时让上司感受到来自你的威胁，你的位子很快就会不保，这也会轻而易举地断送掉自己的晋升之路。

身在江湖，每天面对的都是聪明之人，即使有的人可能尚很卑微，但也绝对不可有丝毫的轻视之心，对待自己的上司就更是如此。始终要有这样的理念：也许你的上司不如你优秀，但他既然是你的上司，就必有他的过人之处，绝对容不下你的高明。如果认识不到这一点，处处想表现自己能于上司，自己的为官之路恐怕很快就会遇到阻力，任何一个上司都不会眼睁睁地任由你逞能，必然会想尽办法掐掐露出来的"尖子"，让你有苦难言。退一步说，即使眼下容忍了你的逞能，在心里也会给你记下一笔账，等时机一到，就会给你来一次彻底的清算。

"唐初四杰"之一的王勃在文章中说自己"命途多舛"，但他的命运与他喜欢在上司面前逞能有很大关系。当时，年纪轻轻的他就名声显赫，高宗的几个儿子都争相礼聘他，打算把他召进自己的王府。后经高宗批准，他来到刚刚受封的沛王李贤府中，担任修撰，充当指导教师和谋士的角色，深得沛王信任。其时宫中盛行斗鸡的游戏，沛王也是一个斗鸡爱好者。他有一只毛色鲜美、体高性烈的公鸡，多次比赛中都大获全胜，但却屡屡战败于英王李显的"鸡王"之下。英王无限得意，神色飞扬，而沛王却十分尴尬。年轻气盛的王勃，当即产生了创作灵感和冲动，提笔立成一篇游戏文章——《檄英王鸡》，当场吟诵，博得一阵阵笑声。后被高宗发现，读了盛怒不已，指责说："无比庄重的文体竟以儿戏出之，如此放肆，这还得了？文章说是檄鸡，

《中庸》
64个人生智慧

实则意在挑动兄弟不和，真是可恶得很。"于是，下令免去王勃官职，并逐出王府。

韩信是汉朝的第一功臣，在汉中献计攻打陈邑，平定三秦，率军打败魏，俘获魏王豹，攻破赵，斩成安君，捉住越王歇，收降燕，扫荡齐，力挫楚军。连最后消灭项羽垓下之战，也主要靠他率军前来合围。司马迁说："汉朝的天下韩信打下了三分之二。"但是他功高盖主，犯了兵家的大忌。当年刘邦曾问韩信："你觉得我能带多少兵？"韩信说："陛下带兵最多也不能超过十万。"刘邦又问："那么你呢？"韩信自显其能，夸夸其谈："我是多多益善。"这样的回答让刘邦很没有面子，一直耿耿于怀。也许韩信真的在带兵打仗方面高明于刘邦，但他却不懂得作为臣子应善于推功揽过，相反却又常常在刘邦面前逞能，与刘邦讨价还价，终于一步一步地把自己逼上了绝路。

人人都想表现聪明，在上司面前尤其如此。但是，如果不懂得掌握示能的分寸，而把功劳都揽到自己身上来，不给上司丝毫表现的机会，把话说满，把事做绝，就会弄巧成拙。这样逞能实际上是给了上司难堪，让上司出了丑，这样结出的苦果子当然只能由自己吞咽了。而聪明的为官者绝不会这样不识时务，相反，他们善于把表现的机会留给上司，宁可自己表现拙劣一些，宁可自己丢尽面子，也要维护上司的面子。这种看似愚蠢实则聪明的为官之道正是中庸为官的魅力所在。

一次，子路穿着很华丽的衣服来拜见孔子，孔子说："仲由，你这样衣冠楚楚，是什么原因呢？过去长江从岷山流出，开始在其发源地水流很小，只能浮起酒杯，流到大水的渡口，若不用两只船并列，不避开大风，就不能渡河，这不就是因为流水大有危险的缘故吗？今天，你衣着华丽，脸上显出得意的样子，那么天下有谁愿意规劝你呢？"子路快步退出，改穿朴素的衣服进来，表示顺从。孔子说："仲由，你记住，把聪明都显示在脸上，显出能干的样子，那是小人的作为。所以，君子知道就说知道，不知道就说不知道，这是言谈的要领，能够就说能够，不能就说不能，这是行为的准则。说话有要领，就是智。行为有准则，就是仁。言行既智又仁，哪里还有不足的地方呢？"

中庸处世，不可明目张胆讨好人。和珅和其他大臣，为了迎合乾隆"自视甚高"的心理，就在抄写给乾隆看的书稿中，故意于明显的地方抄错几个字，以便让乾隆校正。这是一个奇妙的方法，能显示出乾隆学问深，比当面奉承他学问深，能收到更好的效果。

和珅工于心计，头脑机敏，善于捕捉乾隆的心理，总是选取恰当的方式，博取乾隆的欢心。他还对乾隆的性情喜好、生活习惯，进行细心观察和深入研究，尤其是对乾隆的脾气、爱憎等了如指掌。往往是乾隆想要什么，不等乾隆开口，他就想到了，有些乾隆未考虑到的，他也安排得很好。作为一名臣子，和珅真是做到了登峰造极的程度。而且他也确实从中得到了实实在在的好处。只就和珅的为官策略而言，他无疑是成功的。

而故意在上司面前逞能，什么时候都显得比上司更高明，堵住了上司的回旋余地，实在是一种愚蠢的处世策略。当上司感到岌岌可危，同事们感到你爱表现、不谦虚时，你会觉得自己轻松吗？相反，即使自己很聪明，很有能力，也不表现出来，给上司留下说话的机会，让你的上司占上风，对上司表现出足够的尊重和诚意，不是更有利于你的进步和提升吗？

法沃尔斯基是前苏联现代艺术家中的写生画家，被誉为"苏联人民艺术家"。他是现代木刻艺术学校的创始人，曾做过剧院美术师和建造纪念碑的建筑师。法沃尔斯基作品的特点是形象鲜明，含义隽永，在木刻艺术上更是神工鬼斧，在 1962 年获得了列宁奖章。

然而，每当法沃尔斯基画完一本书的插图后，他总是在一幅画的角上不伦不类地画上一只猫和一只狗，毫无疑问，美术编辑一定要他把猫狗去掉。而法沃尔斯基却总是与编辑争论不休，固执己见，非要保留猫或狗。争论到最后，法沃尔斯基才做出让步。这时，编辑不再提出别的要求，因为编辑的自尊心得到了维护。但更满意的却是法沃尔斯基本人，他的巧计成功了——将以他拟定的形式出版画。如果没有编辑所讨厌的那只猫或者狗，编辑在画上还不一定要改什么呢！

智慧 29
遵循规律，合乎自然

所谓"中庸"，就是为人处世要遵循事物内在的规律，顺乎事物的自然秉性。既然自然规律是客观存在的，那么我们以之为标准去待人接物就是自然而然的行为。

然而，孔子多次感慨中庸之道不易施行，甚至认为与行中庸之道相比，把天下国家治理得井然有序反而是简单的。将天下国家治理得公平、公正，需要有大智慧；放弃诱人的官爵俸禄需要有大仁义；从雪白的刀刃上踩踏过去需要有大勇气。把大智慧、大仁义、大勇气发挥到极致已经很不容易了。有大智慧而平天下者，有尧、舜、大禹、商汤、周文王、周武王等；有大仁义而淡然名利者，有伯夷、叔齐、虞仲、朱张、柳下惠、陶渊明等；有大勇气而为正义牺牲生命的仁人志士更是不胜枚举。

那么，为什么做到这些常人所不能做到的事情之后，他们却不一定能遵行中庸之道呢？对于这个问题，我们可以这样理解，倘若一个人拥有大智慧、大仁义和大勇气，就说明这个人的头脑中有智慧与愚笨、仁义与不义、勇气与怯弱的概念，也就有善恶、美丑、正邪、高低、贵贱等的判断。头脑中有了这些相对立的概念，就好像有了佛教中所说的"分别心"，故而思考问题和做事情时就难免被这些概念所左右，戴上"有色眼镜"，产生偏见，就不可能做到"执两用中"，因此也就不可能做到永远正确。

其实，中庸之道已经超越了这些相对的概念，这些概念对于那些行中庸之道的人来说没有本质差别，他们已经达到了如同道家所说的"返璞归真、自然无为"的境界，跳出了只关注事物表面的阶段，做事情只是依据事情的本质去做，只是按照"自然无为"的状态去做，这样处理任何事情都是游刃有余的。有这样一则故事：

　　战国时期，有一只美丽的海鸟飞到鲁国京城的郊外，停在一棵树上。京城的人谁也没见过这种鸟，都以为是一种神鸟。鲁国国王看到了十分高兴，心想："飞来了神鸟，这是个好预兆，看来要有大富大贵降到我的头上了。"于是，他命令手下把那只鸟逮住，供养在庙堂里。每天吹乐打鼓给它听，献出最好的美酒让它喝；杀猪宰羊，把最肥最鲜的肉献给它吃。对鸟照顾得够好了，可是那只鸟却一点儿也不领鲁王的情，吓得惊慌失措，在庙堂的顶棚上，一会儿飞来飞去，一会儿又躲藏起来。一天，两天，海鸟不吃也不喝。到第三天，那只海鸟就死了。

　　这则故事告诉我们，外表再美丽的鸟，它的本质仍然是鸟。而中庸的境界如同老子所说的"无为而治"一般，不会违背事物的本身的规律。有大智慧的人，在治理天下与国家的时候，会有意识地施予百姓仁爱，对百姓的行为加以干涉。这些手段都能够把天下国家治理得公正安定，做到这些对于有智慧的人来说，并不是难事。然而，如果要一个人对百姓既不强施仁爱，也不横加干涉，在珍惜百姓的同时，又给予他们一定的自由，教导他们按照正确的规律和自身的意识去生活，那么他就不一定能做到。而恰恰这样做才符合中庸之道。

　　面对高爵厚禄，为了道义而毫不动心，不贪图利益，不出卖人格，这是有大仁义的人容易做到的。但是如果要这个人在处于某个官位时做到"执两用中"，工作起来恰到好处，他就不一定能做到。而这同样也是中庸之道的要求。

　　同样的，为了达到目的而赴汤蹈火，置生死于度外，不贪生怕死，是有大勇气的人容易做到的。然而，要他做到顺其自然、适可而止，不恣意妄为或一意孤行，却难上加难。而这恰恰又是中庸所提倡的。

　　总之，人是有欲望追求的，通过对人的观察孔子总结出：明知不可为而为之，在具备了常人所不具备的大智慧、大仁义、大勇气的条件下，确实有可能成功；对于万物之灵的人来说，也不是什么最难的事情了。然而，中庸之道所倡导的恰到好处、适可而止，却需要人们剔除本性中贪婪、自私的因素，

《中庸》
64个人生智慧

时时注意修身养性，使自己具备仁、义、礼、智、信等品德，更要有永不放弃的勇气与毅力，才可能做得到。

大自然赋予我们每个人以"天性"，这些"天性"中既有生、老、病、死等自然规律的共性，又有每个人特有的个性，比如脾气、爱好、特长等。当然，这种天性还包括人类拥有自己的精神和意志，并且能用自己的精神和意志去思考和判断一些问题。既然"天性"是大自然赋予我们的，那么就一定会有我们主宰不了的方面，这就是人类自身认识的片面性、局限性，以及我们能力的有限性。所以人们常常说"心有余而力不足"，有时我们做事又常常是"力有余而心不足"。

所以从这个意义上说，只有遵从大自然的规律、定理做事情，一切顺其自然，顺从了自然的本性，才会获得成功。

然而，顺乎自然的本性做事情绝对不可以理解为"什么事情也不去做"，干脆守株待兔、听天由命。顺乎自然地做事情，只可以理解为我们为人处世的"隐规则"，是以"做"事情为前提的，凡事不能蛮干，不要做与本性相违背的事情，不自以为了不起而做事张狂，不逞强好胜地扭曲自己的本性，这才是"顺乎自然"的真正寓意。这里有两个小故事可以帮助我们更好地理解这一点。

第一个故事是说有一个人在回家的路上，看到树杈间的一只小茧上裂开了小口，他从来没有见过这种情形，于是停下来观察。那是一只蝴蝶的茧，一只新生的蝴蝶正在艰难地从小裂口中一点点地挣扎出来，很长时间过去了，蜕变似乎一点进展也没有，蝴蝶似乎已经是竭尽全力了。

这位观察者看得实在着急，就决定帮一帮蝴蝶。于是他找来一把剪刀，小心翼翼地把茧剪开，以便小蝴蝶能轻松地从茧中挣脱出来。可是，蝴蝶并没有像他想象的那样展翅飞舞，而是身体萎缩，不久就死了。这个助人为乐者期待蝴蝶的翅膀伸展起来，成为一只美丽的蝴蝶，然而，这一刻却始终没有出现。

而另一个故事则发生在寺庙里。春天来了，寺庙的院子里还是一片萧条，师父让小和尚准备一些草籽。小和尚问师父什么时候撒种，师父回答说："随时。"

春天总是刮风，小和尚撒的草籽有一些被风吹走了，他慌了神，对师父说："不好了！好多草籽被风吹走了。"师父说："那些被风吹走的草籽多半是空的，随性。"

夜里下了一场雨，第二天清晨，小和尚着急地对师父说："师父！许多草籽被雨水冲走了。"师父说："冲到哪里都会发芽的，随缘。"

一个星期过去了，枯黄的草下面泛出了绿意，草籽长出了青翠的小苗。小和尚高兴地跑去告诉师父，师父说："随喜。"

从这两个故事中，我们不难发现第一个故事中的那个"助人为乐者"其实并不知道，蝴蝶只有靠自己努力从茧中挣扎出来，才能将体液挤压到翅膀上，从而展翅飞舞，这是无法改变的自然规律，做事不遵从这个规律，即使努力了，也不会获得成功。所以我们更应该向第二个故事中的师父学习，依照事情的本性而动，自然会有不小的收获。

推而广之，那些不正确的观点、态度，即使是极容易被人们忽视的，也会积少成多，结果最终暴露，即使骗得了别人，也骗不了事物发展的最终结果。所以，真正值得我们去认真把握的，就是我们的心理状态和思想意识。这种意识，常常是隐藏着的，既不易被别人察觉，又不易被我们自己察觉。是我们平时听不到、看不到，却又真实存在的。只有在"慎独"的状态下，我们的内心才能处于一种平静、淡然的状态之中，才能科学地判断各种事物，不偏不倚。

真正的聪明人，正是由于认识到了这一点的重要意义，才会真心实意地依此去做事，即使在没有人看见的时候也会行为谨慎，在没有人听见的时候也会心存戒惧。一个人在独处时候的行为态度，会渐渐成为一种习惯，从而在做事时产生习惯性的影响，在独处时的那些所谓的"隐私行为"，并不一定就永远不见天日，思想稍有松懈，就会显现出来。这就是"没有比隐藏更明显的，没有比微小更显著的"的含义所在。那些只是装样子给别人看的人，他的行为可以隐藏一时，却隐藏不了一世，最终将会在不知不觉中暴露出来。所以，君子在一个人独处的时候，也会谨慎而严格地要求自己。这种儒家思想所提倡的"慎独"，其实具有非常现实的行为指导意义。

做事情顺乎自然、合乎本性是值得我们借鉴的为人处世方法。也许有人会问："人们有欲望的本性，那么是不是做事情就应该遵从这种欲望而为之呢？这不也是自然规律吗？"诚然，我们人的欲望是与生俱来的，是一种自然本性，但实际上，我们人的这种本能欲望只不过是宇宙万物中的一点尘埃罢了，我们做事情要遵从的是最大的"道"，我们的生存更要遵循大的自然规律。因此我们自私与贪婪的欲望如果不加以控制和正确地引导，最终会导致人们之间相互争斗、尔虞我诈，带来无尽的痛苦和悲哀。所以，真正地遵从自然和本性来行事，是要我们获得生存的智慧，返璞归真，而非是依照那些小小的欲望行事。

我们每一个人做事，都想求得一个圆满的结果。从事物发展的角度来看，成事须有条件，须顺应客观规律，一味去强求，只会适得其反。

两千多年前，老子告诉我们，做事需顺其自然，顺应客观规律，不能乱来。所谓顺其自然，就是要顺时而动，依势而动；就是要冷静行事，相机行事。需要等待时便等待，需要行动时便行动，而且行必果断，行必迅速。

孟子说："我们厌恶使用聪明，就是因为聪明容易陷于穿凿附会。假若聪明人像大禹治水，使水循着正常的轨道运行，就不必厌恶聪明了。大禹治水，就是循其规律，顺其自然，因势利导。假若聪明人也能遵循规律，不违反自然之理而努力实行，那么他的聪明也就不小了。"

孟子这里说顺其自然，一是说要顺应事物运行的客观规律办事，二是说要依照客观条件和情势办事。从行事有为的情况看，顺应事物运行的客观规律，往往就能占尽天时、地利、人和；违逆了客观规律，往往天时、地利、人和全失。

智慧 30
循序渐进，顺应潮流

"中庸"告诉我们，要遵循"大道"生活办事。"大道"告诉我们，万事万物的发展变化总是循序渐进的，所以我们做任何事都不可操之过急，否则就会"欲速则不达"，效果适得其反。这正是孔子劝诫自己弟子需要注意的地方。

孔子的学生子夏担任了莒父县的县长。当时莒父县由于长期管理不善，正处于百废待举的时候，子夏上任后急于大刀阔斧、有所作为。于是，他向孔子请教应该怎样处理政务。孔子并没有告诉他具体怎样做，而是提醒他说："不要想着快速，不要只看见眼前微小的利益。想着快速，反而不能达到；只看见微小的利益，就办不成大事。"意思是告诫子夏，不要急功近利、好高骛远，要懂得"欲速则不达"的道理。

对于我们每一个人来说，这一点尤为重要，要想工作有成效，就必须分出轻重缓急，看清眼前小利与长远大利之间的关系。无独有偶，佛教经典《百喻经》中有一个故事叫作"三重楼喻"，说明的也是这个道理。

有一个人，富有却愚昧无知，他看到别人家有一座三层的高楼，宽敞高大，十分羡慕，于是找来工匠打算也为自己建造一座这样的高楼。工匠来了之后开始打造地基，这个人看见了心里十分疑惑，问工匠："你这是准备干什么？"工匠回答道："准备建造三层楼啊。"这个人又说："我不想要下面的两层，你先给我建第三层吧。"当时的人听说了以后纷纷嘲笑他，哪有不建下面一层就能造出第二层、第三层的道理？

佛教用这样一个故事来譬喻要想修得正果，就不可懒惰懈怠，要先证得前三果，才可证得第四果。

由此可见，我们做任何事情都要循序渐进，只有先积累才会取得成功。

《中庸》
64个人生智慧

为了说明这一道理，《中庸》一书中引用了《诗经·小雅·常棣》的句子："妻子好合，如鼓瑟琴。兄弟既翕，和乐且耽。宜尔室家，乐尔妻帑。"这也顺应了孝道，因此孔子说："父母其顺矣乎。"家庭和睦，一家人共享天伦之乐，我们自己也获得了心灵的安宁和欢悦，心里没有了后顾之忧，才能全神贯注干事业。如果没有做到先修身、齐家，那么，自身缺乏修养，不具备干事业的能力，或者即使有能力却常常"后院起火"，也同样干不好事业。可见，君子的大道，也存在于日常生活的孝道之中。这与中庸之道"造端乎夫妇，及其至也，察乎天地"的说法是一致的。

如今，急功近利似乎已经成为我们现代人的通病。然而，如果不重视基础只放眼于长远目标，即使这个目标唾手可得，也只是虚幻而已。从心理学上说，急功近利是由"即时强化"导致的。所谓"即时强化"，是说当人们在看到了结果的情况下，就会强化自己的行为，以结果为导向对自己的行为进行指引。就比如家长对孩子的教育，有些家长不管孩子平时是不是努力学习，只看考试的结果。考得好，就大加奖励；考得不好，就会批评惩罚。结果孩子急功近利，尽管考分上去了，综合素质却没有任何改观，毕业后即使一时找到了好的工作，也会缺乏长期发展的动力，结局流于平平。再比如说：有些企业在经济发展时，也有急功近利的行为，其结果就是效益搞上去了，却牺牲了生态环境，浪费了资源，忽视了可持续发展。

儒家思想认为，一个人事业理想的实现，是遵循"修身、齐家、治国、平天下"这一循序渐进、推己及人的过程完成的，也就是"身修而后家齐，家齐而后国治，国治而后天下平"，这是实践经验的总结。我们常说"先做人，后做事"，就是说一个人干事业要从自身的修养抓起，从自己身边的小事做起，修养好自身，才能成就更大的事业。自身的品德提高了，家庭才会协调好；家庭协调好了，国家才会治理好；国家治理好了，才能使天下太平。做到了修身、齐家，然后再去考虑治国、平天下的事业，这才是脚踏实地、循序渐进的做法。这也体现出了"君子之道，辟如行远，必自迩；辟如登高，必自卑"的真意。无论是个人行为，还是企业行为，甚至是政府行为，都应该参考中庸之道，切不可揠苗助长、急功近利。

常言道，识时务者为俊杰。事业做大做强，突破发展，并不是短时间内可以完成的，而是一个积累的过程，需要与时代的节奏同步。也就是说，在时势变化中，你必须跟上时代的"节拍"，应当学会随机应变，寻找出路，不然你就会处于被动地位。每一个人都必须顺应时势，善于变通，及时调整自己的行动方案，这是我们适应现实的一种方法，这也正是"中庸"所要求的。

智慧 31
适者生存而不是强者生存

在达尔文的进化论里，提出了一个残酷的理论："物竞天择，适者生存。"适应环境，随着环境而改变自己，这样才能顺应中庸之道。反之，则会遭到淘汰。我们做人处世也是一样，一味地顺着自己的心思秉性去做人处世，免不了要遭受挫折和排挤，毕竟别人是没有义务忍受你的个性的。

海洋所在的公司要进行裁员。不过在海洋看来，公司裁员应该是和自己没有关系的。多年以来，海洋一直都是公司财务部的总监，过硬的专业知识和超强的能力使他一直受到老总的器重和赏识。

不过这次情况好像没有海洋想象得那么简单。宣布要进行裁员的当晚，老总竟然打电话给他要他到自己家里去一趟。这次老总带给海洋的可谓是一个坏消息，老总要求海洋考虑一下，根据目前公司的情况，先到分公司的财务部工作。这个要求被海洋当场拒绝了。他相信自己的能力和才华绝对不会只屈居在一个小小的分公司，况且从总公司降到分公司，这也太没面子了。

海洋和老总不欢而散。临出门的时候，老总还在后面诚恳地说："你还是再考虑考虑，考虑好了再给我一个明确的答复。"

"不用了，肯定不行。"海洋头也不回地对老总说。他甚至有些恼怒老总居然对自己提这种要求，这也未免太看低自己了，难道这就是自己这些年来兢兢业业努力工作的结果吗？

几天后，公司裁员的名单下来了，随着裁员名单一起下发的，还有公司内部机构调整的名单。虽然遭到了海洋的拒绝，不过老总还是把海洋的位置放在了分公司的财务部。

"能不能给我个理由？"海洋拿着调令找到了老总。

"这是董事会的决定，"老总站起来摊开双手对海洋说，"我想你还是先干一段时间，然后……"

没等老总说完，海洋就把调令放在了老总的办公桌上，然后对老总说："不用再说了，我下午会把辞职信交上来的！"

海洋交辞职信的时候，老总神色有些黯然："你不能再考虑一下吗？一起合作这么多年，我个人是非常欣赏和信任你的，真的不希望失去你这么好的合作伙伴。"老总诚恳地说。海洋摇头，但心里还是小小地震动了一下：原来老总还是赏识自己的，只是形势所迫啊。

"那么好吧，"老总的语气里有些无奈，"晚上你到我家去，我为你饯行！"

老总为海洋准备了很丰盛的宴席。来之前海洋打定主意，饯行是饯行，但绝对不牵涉到公司内部调整的话题，只要老总的话转到这方面，那么自己马上站起来告辞。

奇怪的是，老总真的没有再规劝海洋的意思。吃完饭后，老总对海洋说："时间还早，跟我一起看一部片子吧，好久没有看电影了。"海洋不知道老总葫芦里卖的什么药，答应了下来。

老总播放的电影是一部科学纪录片，描述的是在白垩纪、侏罗纪时代地球上的种种生物，包括恐龙、鳄鱼、蜥蜴、变色龙等爬行动物。海洋实在想不出这有什么好看的，不过，他既然答应了老总，也只能勉强看完。

影片是随着恐龙的灭绝而结束的。海洋站起来要走的时候，老总忽然说了句奇怪的话："那么强大的恐龙灭绝了，而小小的变色龙却繁衍生息到现在。适者生存，而不是强者生存啊！"回家的路上，海洋在心里回味着老总的这句话。虽然这句话是对影片而发出的感叹，但对他却触动很大，难道自己就是职场上的那只恐龙？

后来，公司里有很多人都奇怪为什么海洋会改变自己的决定，而老总则好像从来没有收到过什么辞职信。拿到调令，海洋去分公司的财务部报到了，而且不带一点情绪，工作做得很认真。

半年之后，公司情况好转，同时恢复了海洋的职务。原来，当时是因为公司在市场上遭遇了同类产品的激烈竞争，只好通过内部调整和裁员来渡过难关。

而海洋因为在分公司财务部期间发现了不少以前没有发现的问题，财务总监做得更加得心应手了。

在海洋的办公桌上出现了一条橡胶的变色龙的模型，他常常在工作之余默默把玩。有人问海洋，为什么喜欢这个看起来丑陋的家伙，海洋总是笑笑，什么也不说。

海洋的"成功"暗合了中庸的意蕴：顺应自然，才能获得更好的发展机会；凭借着一时的冲动和盲目的自信，其实未必能取得成功。这个道理听起来会让很多自信心强的人觉得反感，可是细细思量，难道不是很有道理吗？

改变是这个时代的主题，如果不能够适应社会的改变，就会被时代所淘汰。俗话说："树挪死，人挪活。"树木要移植，如果水土不适应，或是移植中处置不当，就会枯死，谁见过苹果树顶着满枝头的苹果随意搬家的？可是人不一样，人有着极强的适应能力，所以，要适应社会的变革，也要灵活变通做人处世的道理。

曾国藩被称为清代中兴之臣，然而荣耀得来并非易事，他多次陷入不利的处境，都是自己鼓舞自己，才不至于一蹶不振。事物发展的方向，要么有利于自己，要么不利于自己，曾国藩深得忍之道，既非不切实际地奋力一搏，也不永远销声匿迹，而是在貌似"不动"中寻求"变化"的契机。

只要不失去信心，处境再糟糕，也能够适应，并将之向着有利于自己的方向转变。

人的一生总会有不如意的时候，但是人的承受能力不同，有的人会毫不在意，认为这是生命中必然会碰到的事；有的人很快就能挣脱沮丧的枷锁，重新出发；而有的人却被挫折击败，倒地不起。

只有奉行中庸之道的人才能够适应困境，并找到改变它的办法，所以，他总能战胜困难，成为生活的强者。

智慧 32
学会接受无法改变的事实

很多人的情绪会受到环境的影响，比如当阳光明媚时心情也就开朗，做事也有干劲；而阴雨绵绵之时便会情绪低落，做什么都提不起精神来。但是我们要明白，外界环境是客观的，而我们的心情则是主观的，我们不能改变外界环境，但是可以控制自己的主观感情。也就是说，快乐还是不快乐，选择权在我们自己手上。

有一位智者遇到一名失恋的女子，女子正伤心地哭个不停，为自己被男朋友抛弃而痛苦。智者对她说："他抛弃你，是他的损失。因为你只是失去了一个不爱你的人，而他却失去了一个爱他的人。说到底，是他的损失比你大，该哭的人是他才对啊。"女子听了之后深觉有理，心情慢慢开朗起来，不再像当初那样难过了。

这个小故事告诉我们，心情的转换只在一念之间，而选择快乐的心情却可以影响我们做人的态度。无论我们的心情怎样，客观现实都是不可改变的。天气不会因为你的心情而变异，已经发生的事情也不会因为你的心情而改变结果，我们唯一能做的就是调节好自己的心情，以积极的心态来面对人生。很多时候我们甚至会因为这一念之间的转换而改变自己的人生。

其实每个人都想拥有完全称心如意的生活，但是谁都知道这是不可能的事，地球不会按照某一个人的意愿来转。人们往往会忘记这一点，总是希望别人或是周围的环境来适应自己，却不知道要主动去适应别人和周围的环境。

而懂得糊涂做人哲学的人才知道要征服自己、改变自己，从而获得战胜一切挫折的力量。

从前有一个国王，他统治着一个富足的国家，但是那个时候还没有发明鞋子，所以这个国家的人都不穿鞋。有一天，国王徒步去一个离王宫较远的地方视察民情。因为是第一次步行出远门，而且路上崎岖不平、沙石遍地，国王感觉脚底十分疼痛，于是国王下令将他要去的道路上统统铺上皮革，但是这需要成千上万张牛皮，而且恐怕把全国的牛都杀了剥皮也不够用。

于是一位大臣向国王建议说："英明的国王陛下，其实我们不需要花那么多钱，您只需要割下一小块牛皮，包上您的双脚，就可以起到同样的作用啊。"

国王惊讶不已，立刻接纳了大臣的建议。从此，这个国家开始有了鞋子。

这个小故事告诉我们，如果强行让外界适应我们的话，可能会花费巨大的代价，而且还不一定能取得成功，倒不如改变自己来适应外界更容易些。

当然，改变自己来适应外界也不是一件很容易的事，毕竟每个人都有自己独特的个性，想融入社会也需要过程。然而，聪明的人善于运用中庸的思维来调整自己，并最终完善自己。

当我们不能改变环境的时候，我们就要适应环境；当我们不能解决困难的时候，我们就要改变自己。如果我们有信心去适应一切环境，那么在哪一种环境里不能成功呢？

其实在生活中，有很多琐碎的小事需要我们去适应，比如过集体生活时难免要吃自己不爱吃的菜，如果过于挑剔，只会给人留下"此人挑食"的印象，倒不如稍稍改变一下自己的口味，也就不会给别人添麻烦了。再比如，在工作中或许会遇到合不来的同事，可是工作上又必须要与之打交道，如果抱着不融洽的心态去合作，肯定会出问题，倒不如忍耐几分、大度一点，欣赏他的优点，找到交流的渠道，这样也有利于工作的开展。

穆罕默德带着他的四十个门徒在山谷里讲道，他说，"信心"是成就任何事物的关键；也就是说，人有信心，便没有不能成功的计划。

一位门徒对他说："老师，你有信心，你能让那座山过来，让我们站在山顶吗？"穆罕默德对他的门徒满怀信心地把头一点，对山大喊一声："山，你过来！"他连喊了三次，山谷里响起了他的回声，回声消失后，山谷又归于宁静。

大家都聚精会神地望着那座山，可是山纹丝不动。这时穆罕默德说："山不过来，我们过去吧！"他们开始爬山，经过一番努力，终于到了山顶，他们因信心促使希望实现而欢呼。

有一位著名的经济学教授，凡是被他教过的学生，少有顺利拿到学分的。因为这位教授平时不苟言笑，教学古板，分派作业既多且难，结果学生们不是选择逃学，就是浑水摸鱼，宁可被罚，也不愿多听老夫子讲一句。但这位教授可是国内首屈一指的经济学专家，叫得出名字的几位财经人才，都是他的得意门生。谁若是想在经济学这个领域内闯出一点儿名堂，首先得过了他这一关才行！

一天，教授身边紧跟着一名学生，二人有说有笑，惊煞了旁人。后来就有人对那名学生说："干吗对那种八股教授跟前跟后地巴结呀！你有点儿骨气好不好！"那名学生回答："你们听说过穆罕默德唤山吗？教授就好比是那座山，而我就好比是穆罕默德，既然教授不能顺从我想要的学习方式，只好我去适应教授的授课理念。我的目的是学好经济学，既然要宝山取宝，宝山不过来，我当然是自己过去喽！"

这名学生果然出类拔萃，毕业后没几年，就成为金融界响当当的人物，而他那些骄傲的同学，都还停留在原地"唤山"呢！

想想我们所面对的人生，随着外在环境的变异及时调整适应能力，要比一厢情愿地抛出自我的喊声等待回响更有现实意义。

在工作中我们会遇到很多问题，有的人动辄以"专家"自居，认为自己是最有经验的，自己的方案是最好的，别人则都是"业余"。是的，你的方案可能是最好的，问题是为什么屡屡被拒呢？

事实上，别人反对你，并不是因为你的解决方案不好，而是你的态度和方式别人无法接受。因为无法接受你的态度，进而否定你的方案。并不是每个人都会和你保持一样的工作方式和节奏，要求别人与自己同一步调，显然也并不现实。我们可以先调整自己，和别人保持同一频率，然后再将他带到自己的频率上来，那么效果就会很好。因此，我们需要一种"山不过来我过去"

的心态。做人处世常常也就是一种相互妥协的过程，不能适应的人迟早是要出局的。

所以，当任何尝试都无法能改变什么的时候，不妨学着改变自己。有时，适应后的融入反而更能激发出生命的潜能，等到你具备了一定的条件与能力时，该适应你的，自然就会适应了。山不过来，我们过去，会达到同样的效果。

智慧 33
做人不可硬充好汉

有很多人不能忍一时之气，喜欢硬充好汉，结果撞得头破血流，连自己都不能保全，更别提打败对手了。所谓"直如弦，死道边；曲如钩，反封侯"，这话听起来虽然可悲，但细思之，正直固然可敬，但婉转地以中庸的智慧达到正义的目的，是不是更有作用呢？

西汉景帝时，窦婴担任大将军之职，是朝廷中的百官之首。做这样的高官，巴结他的人很多，窦婴也十分得意。

朝中大将灌夫为人耿直，是个典型的武夫，他不仅不去讨好自己的顶头上司，反在私下里说："人们都是势利眼，巴结那些有权势的人，这真是太无耻了，正人君子是不会这样的。"

窦婴后来知道此事，就向灌夫说："你不喜欢我，不和我结交就是了，为何还要挖苦我呢？"

灌夫也不回避，回答说："我心直口快，想说什么就说什么，我只想提醒你不要太骄傲，否则就乐极生悲了。"

窦婴没有责怪他，却好心对他说："你这个人有勇无谋，虽然刚直，但难当大事。如若碰上奸诈小人，吃亏的一定是你。我不和你计较，难道别人也会原谅你吗？你才应该小心。"灌夫对窦婴的话不以为意。

灌夫对上不巴结，对下却是恭敬尊重，不敢有一点怠慢。当别人都赞赏他这一点，夸他是个十足的正人君子时，有位朋友却表示了忧虑，对他说："在朝廷做官，就要符合官场上的规矩。现在是官大一级压死人，你顶撞上司，反而讨好下属，这哪里是晋升之道呢？你不识时务，反以为荣，早晚必惹大祸。"但灌夫对此仍是充耳不闻。

后来窦婴被免职，孝景皇后的弟弟田蚡当上了丞相。田蚡是个十足的小人，灌夫十分看不起他。

百官见窦婴失势，就开始巴结田蚡，灌夫却和窦婴来往密切。窦婴十分感动，说："我得势时，你从不和我交往，现在你不去趋炎附势，可见你为人的品德高尚。"

灌夫的朋友又给他泼了一盆冷水，说："你的言行不合官场之道，实属不智之举。作为下级，你疏远丞相，结交失势的人，这虽是君子行为，却也难为小人所容。表面文章还是要做的，你该有所反省了。"

田蚡骄横，对耿直的灌夫早有不满，他时刻想整治灌夫。

一次，在酒宴上灌夫和田蚡发生了冲突，田蚡借机将他关进大牢。窦婴为了救灌夫而四处奔走，也被田蚡诬陷。结果，灌夫和窦婴一起遇害。

窦婴对灌夫的评价其实是一语中的："有勇无谋，虽然刚直，却难当大事。"只可惜灌夫以直为荣，以曲为耻，最后落得个家破人亡的凄惨下场。

唐高祖李渊起兵造反时，当时的晋阳县令刘文静积极响应，立下不少功劳，是开国的功臣之一。裴寂是刘文静的朋友，刘文静和他无话不谈，还多次向李渊夸奖裴寂的才能。

唐朝建立后，论功行赏，不想刘文静的官职远在裴寂之下。刘文静心中十分不满，于是常向别人发牢骚。有人劝刘文静说："你虽有才干，却缺少处事的谋略。你每次进谏都和皇上力争，自认有理便不谦让，就算你是对的，但谁不喜欢听顺耳的话呢？你不懂得委婉，皇上会喜欢你吗？而那裴寂却很会做人，他事事都恭颂皇上，讨皇上欢心，难怪他要位居你之上了。这是官场之道，你有什么可抱怨的呢？倒不如也学学裴寂的手段，逢迎一下皇上，官也升得快些。"

刘文静不服气，说："我为国尽忠，为民请命，怎会无故讨好皇上呢？裴寂这样阿谀奉承，是个奸诈小人，我一定要除掉他。"

于是，刘文静在面见李渊时，都要指出裴寂的错失，他还动情地说："亲贤臣远小人，这样国运才能长久，皇上不可再受小人蒙蔽了。裴寂只会讨取皇上欢心，而不干实事，这哪里是忠臣所为呢？"

面对刘文静的攻击，裴寂完全采取了另一种应对方式，他表面上并不记恨刘文静，而且也从不直接说刘文静的坏话，只是装出一副委屈忍让的样子，好像是为了皇上考虑，说："刘文静功劳实在太大，他瞧不起我是应该的，我并不恨他。我只是担心，他如此居功自傲，恐怕连皇上都不敬畏，这就是大患了。"

他说的正是李渊最忌讳的事，李渊马上对刘文静厌恶起来。刘文静更加苦恼，有人就劝他改变方法，不正面攻击裴寂，说："裴寂虽是小人，可他的阴谋手段不能小看。他能让皇上听信他的谗言而不相信你，你还敢轻视他吗？你要多用些智谋，讲究些方法，和他正面冲突是不可取的。"

一次刘文静和弟弟刘文起饮酒时，忍不住又破口大骂裴寂。一时性起，他竟拔出刀子，砍击屋中木柱。刘文静一位失宠的小妾把他的牢骚话告诉了自己的哥哥，她哥哥为了邀功领赏，竟向朝廷诬告他谋反。

裴寂受命审理此案，趁机劝说李渊杀了刘文静，以绝后患。于是，李渊也不听刘文静申辩，就下令将他处死了。

刘文静虽然死得冤枉，可是他不会做人，得罪了皇上，也是一大原因。至于他对裴寂的不满，究竟是因为看出了裴寂的卑劣，还是因为官阶而不快；是因为他的心胸狭小，还是因为他刚正不阿，那就需要史学家去深入研究了。

总而言之，有许多人尽管在处理工作等事项上很有才干，但在做人处世上却很没有技巧，这就不免使他处于劣势，不能翻身了。

智慧 34
做人处世切忌强人所难

无论是工作还是生活，我们难免会遇到需要他人帮助的时候，如何让别人帮助自己也是一门学问。而强人所难，是做人做事过程中的一大禁忌。比如，托人办事，要考虑到人家是否能办得到。如果人家诚心诚意向你表示他爱莫能助，就不能强求人家非给你办成不可，否则就会产生误解。

有的人做什么事都只从自己的利益出发，根木不在乎别人有什么困难；一旦自己有事相求，就要求别人非答应他不可，完全不考虑别人的实际情况。这种做法是非常令人反感的。

一次，王德求领导办事。为了让领导答应自己，他频繁地往领导家里跑，尤其是在下班以后。他也不管人家愿意不愿意，是不是有别的事情要做，在领导家一"泡"就是几个小时，和领导东拉西扯套近乎，领导虽然在谈话中笑脸相对，但是事情终归是没有办成。

王德不知道的是，他这种行为不管有心无心都会使人很不耐烦。家庭是一个人的私人空间，不可受到别人的侵扰，而王德的做法显然给领导带来了不便，已经引起了他的反感，他当然也就不会帮助王德了。

李响得知老同学赵东的亲戚在政府部门掌权，便找赵东，希望能通过赵东的亲戚办一点事情。赵东见老同学相求，虽然犹豫，但还是答应了。赵东问过他的亲戚后，亲戚说办不了，赵东便向李响说明情况。但李响却认为是赵东不尽心，立即拉下了脸说："你真不够朋友，这么一件小事都不帮忙。"说罢便转身走人。赵东感觉自己费力不讨好，心里很不是滋味。他原打算讲完这件事后，还要说另一个和他关系不错的人，这个人也有可能办成这件事。但看李响的态度，他也不敢再说这层关系了，他怕如果再办不成，不知李响会怎样对待他了。

李响这种意气用事的做法，就是不讲分寸，是求人办事时最为忌讳的。当你有事需要求人帮忙时，朋友当然是第一人选，但你不能不顾朋友是否情愿。如果朋友有不方便的地方，而你硬要朋友帮忙，朋友若是答应了，就会给他自己造成不便，若不答应又怕伤了你的面子。或许朋友勉强答应，但是心里难免不快，认为你太霸道，不讲道理。所以，你对朋友有所求时，应该采取商量口吻讲话，尽量在朋友方便或情愿的前提下提出所求。

求人办事绝对不能强人所难。如果对方不愿帮忙，也不能因他不帮忙就让他难堪。他不愿意肯定有不愿意的理由，求人者就应该体谅对方的难处，另想办法。如果对方有顾虑，就应给他充分的考虑时间，千万不能因对方一时没有答应便意气用事，强人所难。

小孟有一次打电话给朋友小丁，向他借几千块钱。小丁当时正是经济困难的时候，但是朋友开口，他还是东拼西凑地把钱借给了小孟。本来小丁以为小孟是有急用，可是没想到小孟拿这笔钱是要给女朋友买礼物的，而当小丁需要这些钱的时候，他又推三阻四隔了好久才把钱还给小丁。本来这些钱有一大部分是小丁靠自己的人情借的，因为推迟了还钱的时间，令那些朋友对小丁也很不满意。小丁从那以后就疏远了小孟，而小孟却还不知道是怎么回事。

提出让人为难的要求，不外乎两种结果，一是遭到人的拒绝，因为每个人都会从自己的利益出发，没必要为了别人而让自己为难；二是可能这次满足你的要求，但这是最后的一次，以这次帮忙彻底回报你，关系很可能从此发生转折或终止。每个人都不是万能的神，能力都有限，提出人能力所不及的要求，是对他人的伤害。

所以，人与人之间的交往应该以自然为宜，双方都觉得没有压力，这才是人际交往的理想境界。提出让别人为难的要求，说明你对别人的期望和要求过高，这本身就是一种压力。我们以中庸处世，一定要避免强人所难的情况出现。

智慧 35
把不利因素变有利因素

我们在生活中不免会遇到这样的人，他们常常是"见人说人话，见鬼说鬼话"，人们一方面羡慕他们在人际关系中游刃有余的能力，一方面也讨厌他们的圆滑。其实，社会上还真少不了这种圆滑的人，就是我们自己，在遇到一些左右为难的情况时，也免不了要中庸一些。

纪晓岚认为做人要"处世圆滑，内心中正，不同流合污，而为人谦和"，也就是说在处理具体事情的时候可以依情况不同而采取不同的方法，然而内心一定要诚实忠厚，保持诚信，该坚持的要坚持，但是可以采取委婉的方式来坚持。如果遇到需要妥协的事，也应该设身处地去理解别人，做出适当的妥协。如果一个人什么事情都坚持己见，只会被人当成顽固不化，甚至觉得你情商偏低，是个好斗的公鸡；而如果一个人什么事都听别人的意见，那就会失去别人的尊敬。

在柔与忍的做人哲学中，圆滑一点是提高社会交往能力和适应力的表现，有助于做人处世，而且有助于你把不利的因素变为有利因素。

汉武帝刘彻之所以能登上皇位，就离不开他的母亲王美人的处世圆滑。

当年景帝即位时立薄夫人为皇后，但是薄皇后没有儿子，因此被废。汉景帝的长子刘荣被立为太子，刘荣的生母栗姬因此成为皇后的不二人选，同时栗姬深受景帝的宠爱，因此她有恃无恐。

景帝的姐姐长公主刘嫖见栗姬得势，便想把女儿阿娇嫁给太子刘荣，以此增加自己的势力。这本来是栗姬的一个千载难逢的好机会，如果她接受这门亲事，她做皇后及太子以后的地位就会得到强大的支持和巩固，毕竟长公主在景帝和皇太后面前都很有发言权，可是栗姬却一口回绝了。

有几个受景帝宠爱的妃子、美人都是长公主刘嫖推荐入宫的，这让善妒的栗姬嫉恨不已，对长公主更是恨得咬牙切齿，所以栗姬根本不想和长公主搞好关系。她直接回绝了长公主，扫了长公主的面子，泄了心头之火。

栗姬的回绝刺伤了长公主的自尊心，她下定决心要报仇，说什么也不能让栗姬当上皇后。于是长公主开始四处活动，造谣中伤栗姬，而这个机会被王美人抓住了。本来王美人并不受景帝宠爱，但是她也有一个儿子，就是刘彻。王美人借故亲近长公主，还主动要求长公主把阿娇许配给刘彻，以取得长公主的支持。

长公主刘嫖先是在景帝面前中伤栗姬，说："栗姬与诸贵夫人幸姬会，常使侍者祝唾其背，挟邪媚道。"意思是说栗姬用邪媚之术来迷惑景帝。当时的皇家很迷信这些，对于邪术更是十分戒备——刘彻登基后就曾因为小人诬陷他的太子在宫中行邪术而废黜了太子，还杀了不少人。景帝因此开始疏远栗姬。

长公主又在景帝面前说王美人的好处，但是景帝还是没有下决心废除太子刘荣。王美人便安排景帝与刘彻享受天伦之乐，这一精心的安排赢得了景帝对刘彻的好感。

有一次，景帝感到身体不适，觉得自己时日无多，便对栗姬说："希望你以后要好好对待我在各地为王的儿子。"但是善妒的栗姬不但没有答应，反而出言不逊，这令景帝大为心寒，促使他下定另立太子的决心。

不久之后，景帝就废除了太子刘荣，并降为九江王。在王美人和长公主的策划下，刘荣自杀，栗姬也被打入冷宫忧郁而死。

而刘彻则顺理成章地成为了太子，王美人也因此一步登天。

其实王美人入宫之前嫁过人，而且还有一个女儿，论姿色她是比不过青春正盛的栗姬的，但是她处世圆滑，能够主动出击，把对自己不利的因素转化成有利因素，结果不通世故的栗姬落得个凄惨的下场，而圆滑的王美人却享尽荣华富贵。

这个例子很残酷。王美人的所作所为并不可取，但是对于做人处世来说，能有王美人这样的中庸手段还是有作用的。只要我们能在处世圆滑的同时记住一个原则：内心中正，诚信为本，我们就能够处世灵活而心态成熟，待人处世时能保持适度的弹性，学会婉转和含糊，以保持平衡的人际关系。

智慧 36
布在方策，谨慎谋划

《中庸》云："文武之政，布在方策。"

古代兵法上说："谋政谋兵，谋敌谋友，谋战谋和，谋进谋退，都要以近于神秘为上策。守住了这个秘密，使敌人不知道；使用了其中的妙计，使敌人不能测定，这就是作为谋略学中的神秘原理。"

随着时代的进步、科学的发展，人与人之间、事与事之间的关系越来越微妙、复杂，因此，攻防的法门也就越趋向于神奇玄妙。

在策划重大事情的时候，秘密性就更加重要。战略与决策谋略获胜的秘诀，全在于趁敌人或对方不防备时出奇制胜。而出奇制胜的法宝，一在于计策的周全详备，二在于严守机密。我们来看一个历史故事。

《说苑》中记载：齐桓公与管仲谋划攻打莒国，计划还没有实行，就被国人知道了。桓公觉得很奇怪，就问管仲，管仲回答道："国中必有圣人在。"

于是，齐桓公命令仪仗队进来，分级站立，管仲指着东郭垂说："你就是讲伐征莒国的人吧！"

东郭垂一愣，然后回答说："是的。"

管仲瞪了他一眼，说："我不说攻伐莒国，你为什么要说攻伐莒国呢？"

东郭垂镇静了一下，回答说："我听说君子善于用计谋，小人善于用心意，我私下猜测到的。"

管仲皱了皱眉头，接着问："我不说攻伐莒国，你是怎么猜测到的呢？"

东郭垂回答："我听说君子有三种表情，悠然喜乐的人，是平静祥和的神色表情；神色严肃、清静的人，是一副悲哀沮丧的表情；神色充满着兴旺，这是要兴兵作战。前几天，我望到您在台上充满旺气的样子，就知道要兴兵作战了，而且在小诸侯国中，还没有顺从的，不就只有莒国吗？所以我这样说。"能从一个人的表情上，做出这样的判断，虽不是圣人，但也可以说是个天才了，而且分析得合情合理，这也同时说明，隐藏秘密而不露半点痕迹，确实是很不容易的。所以圣人掩藏起聪明，不露痕迹，把足迹藏于无为之中。郑国的国君郑庄公就是这样一个人。

春秋时代，郑庄公是一个很有作为的君主。他的弟弟共叔段却桀骜不驯，既不听从兄长的号令，也不把君主放在眼里，并且有谋逆之心。庄公的臣僚们都劝说郑庄公及早除掉共叔段，免得将来成为祸患。庄公非但不听，反而更加优待自己的弟弟，更加纵容共叔段的恣意妄为。直到后来共叔段认为有机可乘，起兵谋反了，庄公才名正言顺地兴师问罪，一举荡平了共叔段的势力。

其实，庄公并不是不想除掉共叔段，而是在等待时机成熟。共叔段虽然怙恶不悛，但他的作为并没有恶劣到该死的地步，如果当时就杀他，难免师出无名。因此不妨先纵容他一下，等他更多的恶行暴露出来以后，再收拾不迟，那时他也就无话可说了。

决策贵在谋略使人无法测定，把想法隐匿起来，出乎人们的意料，使对方无法防备，这才是最重要的智慧。

智慧 37
对比效应，心理操纵

孔子曾经说过这样的话："君子坦荡荡，小人长戚戚""君子怀德，小人怀土；君子怀刑，小人怀惠""君子喻于义，小人喻于利"。可见，孔子说话善于运用对比手法。

说此言彼，相互参照，事情在对比中明晰起来，意见在对比中整合，选择在对比中定下范围，人们的心理活动也就无处藏掖了。这一点对于现在的领导者来说有着至关重要的作用，管理者的智谋往往在这时得到充分体现。

作为领导者，如果能够巧妙地运用对比，就可以使下属欣然接受调职命令。当你必须告诉你的下属，他已经被从总公司调到分公司时，你要怎样说服他呢？如果他绝不答应时，你该怎么办呢？

在这时，假如你能巧妙地运用心理操纵术，一定可以说服这个下属："其实，在上一次董事会上，我们就曾考虑过把你调到南部的分公司，但后来想想那边实在太远，对你来说太辛苦，所以最后决定还是把你调到离这边近一点的中部分公司，怎么样？让你换一个环境，也会有一些新鲜感。"对一个员工来说，把分公司的职务与总公司比较，任何人都不愿接受，但如果再给他一个更差的作比较，他就比较容易接受了。

只要先将对方意识不到的前提掩藏起来，就可以使"对比效果"成为一种强有力的说服工具。美国著名的口才研究家赫拉，就曾做过一个有趣的实验。

每年岁末，一些职业棒球选手就纷纷向球队谈论明年的薪水问题。因为在年度的交替期间，如果不将待遇问题谈妥的话，第二年就会麻烦不断。

在调薪的谈判会议上，那些百战百胜的王牌选手，往往一口气要求将年薪提高一倍。这时，如果你是球队的负责人，应该如何去说服这个人呢？

首先应该清楚的一点就是，如果你对这个王牌选手说："事实上，20 万对球队来说并不是问题。"那么，这项谈判很可能就会破裂，虽然你坚持只给 10 万，但王牌选手一听到你刚才的话，就一定会执意要 20 万。

所以，根据潜在心理操纵术，你就必须用下面的说法才能达到说服的目的。"以你的实力，要求 20 万并不高，是很合理的价钱，但是我们球队只能付 8 万，不过我想 10 万还是值得考虑的，也许这件事你我都应该好好考虑一下。"

如果此时这个选手说："10 万也可以。"

"不，只是说 10 万还有商量的余地，事实上，如果你真要 10 万的话还是很困难的，不过，如果是 8 万元，我可以马上和你签合同，怎么样？"

如果这个王牌选手说："既然如此，那就 10 万，否则我是绝对不干的。"

这时，你可以叹一口气，表现出一副无可奈何的样子，然后下结论："好吧！既然你这么坚决，我也只好认了，就 10 万吧！"

有人或许认为这种方式未免太过于顺利了，但就人的潜在心理来看，这种方式是完全可以达成协议的。因为一般人在谈判时，不知不觉中总会将两件事拿来做比较，所以，如果在这时你给对方一个选择的范围，对方的思考就会限制在这个范围之内，当然，他会选择对自己有利的一面，但是，无论他做哪种选择，都是在你的掌控下。即使对方所选择的未必对他有利，但对方却不能马上感觉出来，所以他会立刻接受，尤其当你提出一个上限和下限的时候，对方的潜在心理就会产生一种"对比效果"。

作为企业或者机关的领导者，为人处世的智谋是不可或缺的，它能使你在两难的境地中将事物的发展推至有利于自己的一端，也能使你把一切事务放置在自己掌控的范围之内，这是每个成功的管理者必修的课程。

智慧 38
处世不能太固执

有一天，东郭先生派了三个弟子到襄阳去。

当东郭先生送他们到路口时，说道："从这儿往南走，全是畅通的大道，你们沿着这条道路走就对了，别走岔路啊！"

这三个弟子分别是左野、焦苕和南宫无忌，他们三个人向南走了五十多里时，却遇上了一条大河流，横在老师指示的正前方。他们左右观察了一下，发现沿河走半里左右，便有一座桥可行。

这时，南宫无忌说："那儿有座桥，我们从那儿过河吧！"

但是，左野这时却皱着眉头说："这怎么行？老师要我们一直往南走啊！我们怎么能走弯路呢？这不过是个水流罢了，没什么可怕的。"

说完之后，三个人互相扶持，一起涉河而过，由于水流相当湍急，好几次他们都险些葬身河底。

虽然全身都湿透了，但也总算安全地过河了，他们继续赶路，又往南走了一百多里时，再次遇上了阻碍。

这回，他们遇到一堵墙，挡住了前进的道路。

这次，南宫无忌不再听其他两个人的意见了，他坚持道："我们还是绕道走吧！"

但是，左野和焦苕却固执地说："不行，我们要遵循老师的教导，绝不违背，因为我们一定能无往不利。"

于是，焦苕和左野朝着墙面撞去，只听见"砰"的一声，两个人弹倒在地上。

南宫无忌恼怒地说："才多走半里路而已，你们干吗不考虑呢？"

东野说："不，我就算死在这里也不后悔，与其违背师命而苟且偷生，不如因为遵从师命而死！"

焦若也附和地说："我也是，违背老师的话，就是背叛者。"

两个人话一说完，便相互搀扶，奋力地往墙面撞了上去，南宫无忌想挡也挡不住，于是他们两个人就这么撞死在墙下了。

在人际交往的过程中，思维不能变通的人，只会陷在死胡同中，永远找不到自己的出路。

不知变通的人，不仅无法宽容别人，更糟糕的是还会害人又害己。现实生活中的应对进退之道也是如此，若不想让故事中的蠢事发生，那么面对刻薄的人的时候就多绕几个圈，别老是钻牛角尖。

当你在死胡同里绕不出路时，先定下心想想，你是不是一味坚持走直路，宁可硬碰硬也不肯跨上通往目的地的那座桥。

别给自己的脑子加上了大锁，多以开放的心来接纳外界的讯息，才能彼此互动，激荡出创意的火花。

大多数人最向往的一件事就是，能够有一条绝妙的计策在手中，把难以办成的事办成。是的，每个人做事都不一定顺手，有的会曲曲折折，费了九牛二虎之力，尚无好结果。当然也不排除，有些人神通广大，能力超强，一下就能做成事情。但前者毕竟是多数，后者必为少数。天下事都是人做出来的，什么样的想法，就可以导致什么样的行动，什么样的行动就可以引发什么样的结果。

做人办事靠脑子的人可能有一两件事暂时做不成，但总会做得大成，做到让左右人叹为观止。反之，由着性子来，想到哪儿做到哪儿，不计后果，这种"莽汉式"做事方法多半是撞大运，成败均看老天爷。

所谓"锦囊妙计"，即指做人办事之上上策，如果能够掌握它，就能点石成金，手到擒来，力挽狂澜。自然，锦囊妙计有很多，关键要看哪一条适应你，你驾御起来更得心应手。

天下大小事情，都自有其道理，如果不善于精明求变，则可能会走到绝路上去。毫无疑问，没有人想走绝路，不但不想走绝路，而且希望活路越多越好。凡是善于谋划的人，拿手绝活就是精明求变，让自己全身灵活起来。这样做，一则可以让自己摆脱被动状态，给对手以不可捉摸之感，二则可以用反控制的计策，给对手设置难题，从而为自己争取主动。

做任何事，都力戒莽撞，应多摸透对方心思之后再行动，这样可以增加成功率。怎样做到这一点呢？首先要把自己变成一个"侦察专家"，多方面看、走、问、想，运用排除法，把对方的信息过滤一遍，最重要的留下来，然后再反复验证几遍即可。与对手较量，这种"摸透心思术"极为重要，是知根知底的唯一手法。

智慧 39
强弱之分，关键在于算与变

变与算的关系是什么？《孙子兵法》中有一句话极其深刻，即"多算胜，少算不胜"。它告诉我们这样一个道理：做任何事之前，必须先在脑海中盘算好才出手，切记不要盲目冲动，不知对手底细就稀里糊涂动手。再者，还要注意"多算"与"少算"的关系——越反复思虑，越周密推算，越能赢得胜利；反之，就可能大打折扣，甚至招致惨败。因此，我们必须明白"算"的重要性，不算不胜，多算必胜。"变"字的最高境界是神算。

人人都想有善算之变术，以便取得胜局，但有人能为之，有人不能为之。

神算之变，常令人叫绝，三国风云，变幻万千。其中搅乱风云者，无非是军师、谋士。众所周知，诸葛亮是一名"神算子"，他智谋过人，胆量过人。人人皆知的"草船借箭"就是诸葛亮的得意之作。它是《孙子兵法》算计高招的巧妙运用。

算与不算，大不相同。算则能巧取妙胜，不算则任意而去，哪管西东。特别值得注意的是：在以弱抗强时，只有认真算计，才能巧妙地打败对手。此为精明善变之计，即神算之计。

大千世界，总有一些人很有本事，做什么事都易如反掌，所以让人佩服。问题是：有些人本可以把自己的本事显出来，但由于情况特殊，反而掩藏自己的本事，以免给人造成威胁感。这是善用巧变之功，左右应对。这里面透露出一种灵活之计。

殷纣王不分昼夜地饮酒，白天也闭窗点烛，以日为夜，以致忘记了时间，问身边的侍从，侍从也都喝得稀里糊涂，便派人去向担任太师之职的叔父箕子去打听。箕子说："身为天下之主而自己和左右的人都忘记了日期，国家就很危险了。所有的人都不知道而只有我知道，我也就危险了。"便推辞说自己也喝醉了酒，不知道日期。

这则故事给人的启发是，无论在什么问题上都不要过于表现自己的高明，掩藏自己的智慧和自己的能力，才可避免遭到猜忌。

但深藏不露不同于胆小怕事，它是对真实感情的掩饰而不是扼杀，是为了保全自己而不是苟全性命，它的"不露"是暂时的，最终是要表现出来的。

无论何人，只要心中有"精明善变"四字，便多多少少练就察言观色的本事，他们会根据你的喜怒哀乐来调整和你相处的方式，并进而顺着你的喜怒哀乐来为自己谋取利益。你也会在不知不觉中，意志受到了别人的掌控。你的喜怒哀乐表达失当，有时会招来无端之祸。

因此，高明的成大事者一般不随便表现这些情绪，以免被人窥破，予人以可乘之机。欲求成功，必须求变，不怕天下人耻笑。当决战的时机还不成熟而对方咄咄逼人之时，要求变，求变，再求变。目前的求变负重是为了未来的胜利，暂时的退却和忍耐，并非懦夫的表现，而是意志坚定、目光远大的表现。

月有阴晴圆缺，脸有喜怒哀乐。脸色是内心的表达，是内心的晴雨表。不同的人脸色不同，是因为心事不一。在古代，为人处世，需要应付各种各样的人，所以只有一手是不行的，必须做到红脸白脸都能唱，也就是一文一武，一软一硬，既刚柔相济，又恩威并施。《菜根谭》说，任何一种单一的方法只能解决与之相关的特定问题，都有不可避免的副作用。对人太宽厚了，则约束不住，结果无法无天；对人太严厉了，则万马齐喑，毫无生气。有一利必有一弊，不能两全。

高明的人深谙此理，为避此弊，莫不动用红白脸相间之策。有时两人连档合唱双簧，一个唱红脸，一个唱白脸；有更高明者，可像高明的演员，根据角色需要变脸谱。

东魏独揽大权的丞相高欢临死前，把儿子高澄叫到床前，谈与大患侯景相抗衡的人是慕容绍宗。说："我故不贵之，留以遗汝。"当父亲的故意唱白脸，做恶人，不提拔这个对高家极有用处的良才，目的是把好人留给儿子去做。

善于变化脸色，既要有丰富的阅历，又要有很高的技巧，真正演好它需要花很大的功夫。善谋事者，总是不断地因变换心事而变换脸色，以便应对各种可能出现的特殊情况，这种变脸角色，令人想到川戏变脸，那急如闪电的改换面具的招术令人叫绝。怎样变脸才不为人察觉，这可是一门学问。聪明人的脑中自有一套功夫。

当遇到"障碍"时，不可行则变是硬道理，因为如果你不变，则会遭受更大的打击和挫折，变则可以柳暗花明，找到冲破障碍的突破点。处世应当机立断，有时一变则通。雍正用人从不墨守成规，他有几句座右铭："不可行则变，因时而定，因人而定，因事而定。"这也成了他操纵胜局的高明法术。

常言说"只有大乱才能大治"，当朝政出现危机，内部混乱、人心骚动时，许多的投机钻营者"江山易改，本性难移"，纷纷显现出本来面目。雍正看到了这些，觉得极需要从中揪出一两个反面典型，杀一儆百，惩前毖后。于是年羹尧、隆科多不幸撞到了刀刃上，雍正也正好借此机会在除去心腹大患的同时，警示大臣们要有所收敛，不要故步自封、无法无天了。

为了置年羹尧于死地，除了大臣们揭批年的九十二条大罪外，雍正大帝还特意罗织了年的第一大罪：图谋不轨，欲夺皇位。最后，雍正念年平定青海有功，遂施恩令其自裁。可见，不可行则变，是雍正琢磨再三的天机。

雍正凭自己的智慧，善于抓住时机，及时应变，把大难题变为小问题，这是他的果敢之处。其实，在生活中，难题和问题并不多，关键在于你要有"不可行则变"的果敢性，并一定要落实到行动中去。

这个世界上有一种人，不会花言巧语，不懂得运用计谋，可能四肢发达，却只知道直线思考。

很多人表面上说他们单纯、天真，其实内心多半在嘲笑他们是"白痴"，然而，他们真的白痴吗？真的一无是处吗？难道那些嘲笑他们的人就真的胜过他们吗？

有这么一个有趣的故事，可以让我们检讨一下，这种不经意就会流露出来的优越感有多么可笑。

《中庸》
64个人生智慧

某日，一位被众人视为白痴的人对天才说："你猜，我的牙齿能咬住我的左眼睛吗？"

天才盯着白痴看了几眼，笃定地说："绝对不可能啊！"

白痴说："那，我们来打个赌！"

天才认为这绝对是不可能的事，于是同意打赌，但只见白痴将左眼窝里的假眼球取出丢进口中，用上下牙齿咬着。

天才吓了一跳，说道："没想到，真的可以呀！"

白痴又说："那你信不信，我的牙齿也能咬住我的右眼睛？"

天才说："不可能的！"他心想，难道这个家伙两只眼睛都是假的？这绝对不可能，否则他就看不见东西了。

于是，两人再次打赌，只见白痴轻易地把假牙拿下，往右眼一扣。

天才再度吃惊了，说："没想到，真的可以呀！"

你说，到底谁才是白痴呢？

其实，在这个社会上，对于白痴和天才的定义有很大的雷同之处。

第一，他们的人数不多。

第二，他们都异于常人。

第三，有时候所谓的天才想法，在没有成功之前，其实看来都像白痴；反之，很多白痴单纯执着的举动，最后却能激发出天才的灵感。

像爱迪生小时候就曾被视为白痴，还让家人担忧了好一阵子，可见天才和白痴只有一线之隔。

所谓天才的想法，有时候因为太过惊世骇俗，超过凡人的想象太多，所以根本无法被接受，甚至遭到排斥。但究竟谁才是真的白痴呢？

无法被人接受的点子，或是被人视为天真、愚蠢的想法，真的毫无用处，只是浪费时间吗？

恐怕并不是如此吧。

保持一颗纯真、无染的心，以单纯与开阔的态度来面对生活难题，并不丢脸。

强弱之分，关键在于算与变

现实生活中，不管处理任何事情，都要灵活应变。此招不行，赶快换招，否则，即使你用尽了力气，恐怕也难达到目的。

琳达小时候生活在一个比较富裕的家庭。由于是家里年纪最小的，父母和哥哥们对琳达都特别宠爱，她养成了自以为是的习惯，认为一切都是理所当然的，不管什么事，都习惯用命令或大叫的方式来表达。

家里的仆人和亲戚对她都是言听计从，可琳达在与社区的其他孩子相遇时却遇到了麻烦。她看到他们一群人玩着一个足球，不时兴奋地吆喝着。琳达按捺不住了，飞快地跑过去，用她最平常的语气喊道："喂，把球给我玩。"他们谁都没听到，仍然你一脚、我一脚地踢着。

琳达有些不耐烦了，跺跺脚，冲进他们的队伍去抢球。

看到琳达过来，控制球的那男孩一脚把球踢了开去，另一个男孩接住了。琳达又向接球的男孩跑去，快到时，那男孩又一脚踢给了别人。周围的男孩也配合着大笑起来。琳达终于发现他们是故意捉弄她，于是十分生气，更加卖力地跑起来，想要把球夺过来。

过了不久，琳达明智地停住了。她一个人确实跑不过他们一群人，再跑下去，也是充当被捉弄的对象而已。

琳达一抹头上的汗珠，边骂边向家走去。这时她发现旁边的长椅上坐着一位老人，正笑呵呵地望着琳达。

他一定也看到了刚才的一幕，正嘲笑自己呢。琳达更生气，为挽回面子，她大步向他走去。

"喂，老头，你笑什么？"琳达盛气凌人地问他。

"琳达，我可以教你怎样将球夺过来。"老人用夸张的表情回答，"不过你得先心平气和地坐下来听我讲故事。"

琳达咕噜了两句，一屁股坐在了老者旁边，看着他。

"有一次啊，太阳和风为争论谁最强大而吵起来了。"老人绘声绘色地讲开了。

风先说："我们来比试比试吧。看到那个穿大衣的老头了吗？谁让他更快地脱掉大衣，谁就最强大。我先来。"

于是太阳躲在了一边，风朝着那老人呼呼地吹起来。风越吹越大，最后大到像一场飓风。可随着风变大，老人反而把大衣裹得更紧了。

风放弃了，渐渐停了下来。这时，太阳出来了。他用温暖的微笑照在老人身上，不久，老人觉得热了，他脱掉了大衣。

太阳对风说道："看到了吧，温暖和友善比暴力和粗鲁要强大得多。"

讲完故事，老人又笑了起来。他摸着琳达的头说："去跟那群孩子道歉，用另一种方式，就会得到你想要的。"

琳达向老人鞠了一躬，离开了。

当然，最后她顺利地加入了玩足球的行列。可老人给她讲的故事却远比那天的玩耍更深刻。

人不可无刚，无刚则不能自立，不能自立则不能自强，不能自强也就不能成功；人也不可无柔，无柔则不亲和，不亲和就会陷入孤立，四面楚歌，自我封闭，而拒人于千里之外。

智慧 40
充满弹性地处世

人活在世上，就要讲究灵活。比如，面粉放上水揉一下，然后一捏，面粉很容易散开，但是你继续揉，揉过千遍万遍以后，它就再也不会散开了，这是因为它有了韧性。

人进入社会就如同一盘散沙般的面粉，被社会不断地搓揉，最后变成有韧性的面团。蹂躏、折磨、压迫都是对人的考验，你必须灵活应对，此招不行，赶快换招。

加拿大魁北克有一条南北走向的山谷。山谷没有什么特别之处，唯一能引人注意的是它的西坡长满松、柏、女贞等树，而东坡却只有雪松。这一奇异景色之谜，许多人不知所以，然而揭开这个谜的，竟是一对夫妇。

那年的冬天，这对夫妇的婚姻正濒于破裂的边缘，为了找回昔日的爱情，他们打算做一次浪漫之旅，如果能找回就继续生活，否则就友好分手。他们来到这个山谷的时候，下起了大雪，他们支起帐篷，望着满天飞舞的大雪，发现由于特殊的风向，东坡的雪总比西坡的大且密。不一会儿，雪松上就落了厚厚的一层雪。不过当雪积到一定程度，雪松那富有弹性的枝丫就会向下弯曲，直到雪从枝上滑落。这样反复地积，反复地弯，反复地落，雪松完好无损。可其他的树，却因没有这个本领，树枝被压断了。妻子发现了这一景观，对丈夫说："东坡肯定也长过杂树，只是不会弯曲才被大雪摧毁了。"少顷，两人突然明白了什么，拥抱在一起。

做人不可无傲骨，但做事不可能总是昂着高贵的头。生活中我们承受着来自各方面的压力，积累着，有时会让我们觉得难以承受。这时候，我们需要像雪松那样弯下身来，灵活应对。弹性的生存方式，是一种生活的艺术。

商朝末年纣王荒淫无道，残暴不仁，只知沉湎酒色，全不问国家大事，使得奸臣当道，天下大乱，无辜的忠良不是被杀就是被疏远，人民生活非常艰苦。姜子牙因不满纣王暴政，毅然辞官离开商都朝歌，躲到渭水河边过着隐居的日子。

渭河一带是周文王姬昌的管辖范围，周文王胸怀大志，很爱惜人才，四处寻访智谋之士。姜子牙是个有雄才大略的人，他胸怀济世之志，想施展自己的抱负，可是一直怀才不遇，大半生在穷困潦倒中度过。他曾经在朝歌宰过牛，又在孟津卖过面，岁月蹉跎，转眼已到了垂暮之年，两鬓白发苍苍。当他听说当朝贤主周文王的圣名后，便来到渭水河畔，假借垂钓之名来观望时局，希望能得到周文王的常识，使自己的才华得以施展。为了吸引周文王的注意，姜子牙天天坐在河边钓鱼。他的鱼钩是直的，没有鱼饵，离水面有三尺高。他一边钓一边说："鱼儿呀，你快点上钩吧？"有人好意地告诉他这样钓不到鱼，姜子牙只是笑着说："鱼儿自己会上钩的。老夫在此，虽然名义上是垂钓，但是我的本意不在鱼，鱼儿自己会上钩的。我宁可直中取，不向曲中求，不为锦鳞设，只钩王与侯。"人们听了之后都嘲笑他，他也不理会。姜子牙异于常人的做法最终惊动了求贤若渴的周文王。周文王心想他可能是个有才能的奇人，就派士兵去请他来。姜子牙看到是士兵，不但不理睬，还继续钓鱼，嘴里还一边念着："钓、钓、钓，鱼儿不上钩，虾米来捣乱！"士兵只好回去报告。周文王到底是有心之人，他对垂钓老人的言行举止苦思冥想，终于恍然大悟：也许这个不同凡俗的老人正是自己苦苦寻求的天下奇士，智谋非凡的大贤人呢。

其实，周文王的想法一点也没错，垂钓渭水之滨的正是有大贤大德的姜子牙。他早知道周文王有心兴师伐纣，解除天下黎民疾苦，自己也想助他一臂之力。

周文王一改往日的矜持，亲自去请姜子牙。他毕恭毕敬地来到渭河边向老人家施礼，姜子牙说："我久闻大王贤良，也愿出山相助。只是不知大王是否信得过我？大王是否真的真情相邀？"周文王赶忙说："本王真是求贤若渴呀？"随后向他请教兴国大计。两人谈得非常投机。让周文王惊讶的是，一个天天以钓鱼为乐的穷老头，对天下大事以及国家的武功文治知道得这样清楚，知识又是如此渊博，而且观点新颖，见解独到。他还发现这个钓鱼的穷老头对五行数术及用兵之法有很深的造诣。

求贤若渴的周文王从姜子牙睿智、机敏的谈吐中发现，此人正是自己所要寻访的大贤。他高兴地感叹："我的先祖太公，早就寄希望于你啦！"于是周文王用最隆重的礼节款待他，并把他让上自己坐的马车。

于是，83岁的姜子牙出山当上了西周国师。他大力辅佐周文王姬昌。由于他辅国有方，安民有法，因此文王得辅，国势初定，西周国力日渐昌盛起来。周文王对姜子牙以"尚父"相称，尊为自家老人一般，几乎是言听计从。姜子牙后来辅助周武王，起兵伐纣，统率诸多有志之士，经过多次血战，终于完成兴周八百载大业。

一粒种子，若落到肥沃的土地上，能得到充分的水分和阳光，就可能长成参天大树；但如果落在贫瘠的土地上，再没有水分和阳光的滋润，就可能先天不足，长得十分弱小。"姜太公钓鱼，愿者上钩"是对姜子牙"钓"的机遇和时势的最好写照。

事物在不同的时间、不同的地点，就会有不同的位势。对于人来说，时势就如同肥沃的土地和阳光、水分一样。古人讲："良禽择木而栖，良臣择主而侍。"一个人要想充分发挥才干，就要选择或把握时势。总之，强化自身，形成强大的势能，才是调整位势的上上之策。

周公是中国古代杰出的政治家，周文王的第四个儿子，周武王的弟弟、周成王的叔叔。他曾先后两次辅佐周武王东伐纣王，并制作礼乐，大治天下。因其采邑在周，即今陕西岐山东北，爵为上公，故称周公。

周文王在世时，周公就很孝顺、仁爱，行动从不敢自主，规规矩矩，做事向来不敢自专。他在父亲面前，尽行儿子之道。与此同时，辅佐武王伐纣，被封于鲁。但周公并没有到自己的封国去，而是留了下来辅佐武王。

武王死后，成王继位。当时成王还是个十多岁的小孩子，而当时迫切需要一位既有才干又有威望、能及时处理问题的人来应付复杂的局面，这个责任便落到周公肩上。周公摄政，顺理成章。然而受封在东方监视武庚的管叔和蔡叔，对周公摄政很不满意。按照兄弟间排行，管叔行三，周公排四，管叔是兄，周公是弟，不论是继位，还是摄政，管叔都比周公有优先权。所以管叔不服。蔡叔虽然行五，但他的态度是支持管叔。他们散布谣言，说周公"将不利于孺子（成王）"，想谋害成王，篡夺他的王位。

灭商后的第三年，管叔、蔡叔鼓动下的商朝旧势力发动叛乱。响应的有东方的徐、奄、淮夷等几十个原来同殷商关系密切的大小方国。周王室处于风雨飘摇之中。

周公临危不乱。他首先稳定内部，保持团结，说服太公望和召公。他说："我之所以不回避困难而主持政务，是担心天下背叛周朝。否则我无颜回报太王、季王、文王。三王忧劳天下已经很久了，而今才有所成就。武王过早地离开了我们，成王又如此年幼，我是为了成就周王朝才这么做的。"

周公统一了内部意见之后，于第二年举行东征，讨伐管、蔡、武庚的叛乱。出征前进行了占卜，他说："殷人刚刚恢复了一点儿力量，就想趁着我们内部混乱，起来造反。重新夺回他们已经失掉的权位，妄图再让我们成为他们的属国。这是白日做梦！我告诉大家，殷人里头有一伙人，愿意出来帮助我们，有了他们的帮助，我们一定能够平定叛乱，保住文王和武王的功业。"又说："我们小小的周邦，是靠了上天的保佑才兴盛起来的，我们承受的是天命。为了这次出征，我又占卜一次，卜兆表明，上天又要来帮助我们了，这是上天显示的威严，谁都不能违抗，你们应该顺从天意，帮助我成就这个伟大的事业！"大家听了，众志成城，随同周公一起东征。

周公东征持续了三年，终于平定了管叔、蔡叔、武庚联合的武装叛乱，粉碎了以武庚为首的复辟阴谋，把周朝的统治地区延伸到东部沿海地区。

后来，当东都洛邑建成时，周公的礼乐也制成。这时成王已经长大，周公便把政权交给成王，自己退居辅佐地位。周成王迁都洛邑后，周公召集天下诸侯举行盛大庆典。在新都正式册封天下诸侯，并且宣布各项典章制度，也就是所说的"制礼作乐"。

周成王执政后，周公担心成王年少，贪图安逸，便写了一篇《无逸》，劝勉成王：要懂得勤劳辛苦的好处，不要一味贪图享受；要学习商代几个贤王和周文王，爱护百姓，励精图治，以便长久地享有王位。他谆谆告诫成王，要成为一个有作为的国君，要像文王那样礼贤下士，治理好国家。

成王执政后，按照周公制定的典章制度治理国家，重视农业和手工业的发展，并在中原和沿海地区进行贸易活动，使商业走向发达。成王执政 37 年，继位的康王执政 26 年，出现了"成康之治"的繁荣景象，这是我国奴隶制发展的鼎盛时期。

为人处世，贵有自知之明。聪明的人，时时刻刻都很好地把握自己在社会中所处的位置。人的一生是复杂多变的，人活于世，往往要扮演多个角色，在不同的场合、不同的历史阶段，与不同的人相处，都在经历着完全不同的人生体验。

如果用一种态度待人处世，将会四处碰壁。应区分不同情况，采取不同的办法。正如人与人有所不同，事与事有所差异，时与时又有先后。因此，对人对事对时不能一样对待，必须因人因事因时而采取不同的对策。

智慧 41
学会辩证处世

孔子是春秋末期著名的思想家、政治家、教育家,儒学学派的创始人。

他3岁丧父,随母亲颜征移居阙里,并受其教。孔子少时家境贫寒,15岁立志于学。年龄稍大,做过管理仓库的"委吏"和管理牛羊的"乘田"。他虚心好学,相传曾问礼于老聃(即老子,道家学派的创始人),学乐于苌弘,学琴于师襄。30岁时,已博学多才,成为当地较有名气的一位学者,其思想核心是"仁","仁"即"爱人"。他把"仁"作为行动的规范和目的,"仁"和"礼"相互为用。主张统治者对人民"道之以德,齐之以礼",从而再现"礼乐征伐自天子出"的西周盛世,进而实现他一心向往的"大同"理想。

当时,孔子为国君介绍自己的治国思想,都不被接受,于是就带领弟子周游列国,另寻施展才能的机会。但是,很遗憾,他始终没有机会来施展自己的才能。公元前484年,鲁国季康子听了孔子弟子冉有的劝说,派人把他从卫国迎接回来。

孔子回到鲁国,虽被尊为"国老",但仍得不到重用。他也不再求仕,转而集中精力继续从事教育及文献整理工作。

孔子大约在三十岁时,开始收徒讲学。在我国教育史上,以私人身份从事讲学活动四十多年,而且影响最深远的,当首推孔子。相传他有弟子三千人,得意门生七十二人。当时孔子的学生中,从地区说,有鲁国的颜渊、冉求,卫国的子夏、子贡,宋国的司马耕,吴国的子游,楚国的公孙龙,秦国戎族的秦祖;从出身来说,有贵族出身的孟懿子和南宫适,有贫贱出身的冉雍,有商人出身的子贡,还有梁父大盗颜涿聚。

一天,有一位鲁国的大夫前来拜访孔子。谈话间,这位大夫问孔子说:"听说先生致力于教书育人,收了许多门徒,他们个个都有过人之处。那么请问先生您的学生颜渊的优点在哪呢？"孔子回答道："颜渊是个有仁爱之心的人，我自叹比不上他。"那人接着又问道："那子贡有何长处呢？"孔子回答说："他能言善辩、口若悬河，很少有人能比得上他，我虽为他的老师但也比不上他。"那人停了停，又问道："那您如何评价您的学生子路呢？"孔子回答说："他勇敢过人，我这点也比不上他。"这人便质问："照先生的说法，这三人都在很多方面优于先生，那为何还要跟随先生学习，听从先生的教诲呢？"孔子听后静静思考了一会说道："是这样的。我不仅有仁爱之心，而且也有严厉残忍之时；需要的场合我会能言善辩，不适宜的场合我会言语钝拙，保持沉默；有时我表现得很勇敢，有时我就表现得胆怯。只有如此，灵活处世，才能应付自如。上面您提到的三人，各有自己所长，我单方面皆不如他们。但是，他们又不具备我的辩证处世为人之道。所以会跟随我学习，听从我的教诲啊！"那人听罢，连连点头称是，佩服先生的智慧。

孔子以自己的学问与德行深得学生们的爱戴，他在七十三岁那年病死。他的死使弟子们十分悲痛，他们在他的坟前搭棚连住了三年，表示哀悼。子贡甚至一共住了六年。临别时，他们都哭了。弟子们认为孔子就像江水洗过、太阳晒过那样洁白光明。

万事万物都具有矛盾性，矛盾着的事物又具有自己的特点。因此，要具体问题具体分析，"一把钥匙开一把锁"，不同的情况要有不同的处理方法，恰到好处，辩证处理正是处世的智慧。

现实生活情况错综复杂，人际交往亦是如此，身处其中要想如鱼得水，就需运用辩证处世的智慧，灵活处理，学会具体情况具体分析，察言观色，审时度势，做到恰到好处。

寇恂和贾复都是东汉名将，共同辅佐光武帝刘秀，位列"云台二十八将"。这两人之间有一段"廉颇与蔺相如"式的故事。

有一次，贾复驻守汝南的时候，他的部将在颍川杀了人，寇恂当时正好在颍川担任太守，维护当地的治安是他的职责所在，因此就下令将那个部将拘捕起来，并且送进了监狱里面。当时国家正处于百废待兴的时候，因此法制还很不完备，尚处在草创阶段。如果是军营中的人犯了法，大多数的官员会宽容处理，搪塞了事，并不加以深究。但是寇恂却把这个人斩首示众。贾复认为寇恂不给他面子，以此事为自己的耻辱，常常叹息，并且怀恨在心，他对左右的侍从说："我与寇恂都是位列将相的人，谁也不比谁差。但是现在他却一点面子都不给我，杀了我的部将，这是对我天大的侮辱。身为男子汉大丈夫，岂能眼睁睁地遭受这种侮辱。如果让我看到了寇恂，一定会毫不犹豫地将他杀死！"左右的人劝道："将军还是息怒吧。如果把事情闹大，对将军您也没有什么好处啊！"但是，贾复固执己见，不为所动。

寇恂听说了这件事情后，为了避免引起不必要的争斗，就不再与贾复见面了。贾复就在外面对人大肆宣传说："寇恂是个胆小鬼，现在他都不敢见我了。"寇恂的侄儿谷崇担心寇恂有危险，自告奋勇来充当寇恂的保镖，说道："我是一名将军，可以佩带宝剑站立在您的两旁。如果有什么危险的情况发生的话，我自信可以保护您。"寇恂却意味深长地对他说道："你这样的话，只会让贾复变本加厉，因此，你大可不必这样。想当年，蔺相如不畏惧一代枭雄秦王，廉颇向他挑衅，蔺相如却处处让着廉颇，不与他计较。这是为国家的利益着想啊！古人尚且如此，我怎么可以忘记呢？正确的办法是像蔺相如那样，从大局出发，个人利益算得了什么。"谷崇赞叹道："您真是让我佩服。我明白您的心意了。"有一次，贾复率军队从寇恂管辖的地方经过，想借机向寇恂报复。寇恂知道后，就命令他所属的各县盛情款待贾复的部队，还为他们每个人都准备了两个人的酒饭。贾复带领部队到来的时候，寇恂亲自出门在路上迎接他们，然后称病先回去了。贾复带着队伍想去追赶他，无可奈何的是，手下的将士个个都酒足饭饱了，动弹不得，因此贾复只好作罢。

事后，寇恂派谷崇将这件事情告诉了光武帝，光武帝便下令贾复与寇恂入朝。贾复先一步到达，当寇恂进京叩见光武帝的时候，贾复正好在大殿之中，他看到寇恂之后，就想起身回避寇恂。哪知，他还没有站起来，光武帝就说："天下还尚未安定，你们俩都是我的猛将，谁也不能缺少。你们现在为了一些个人的恩怨争斗起来的话，两虎相争必有一伤，何必呢？朕今天就做一回中间人，来给你们俩人调节一下，你们捐弃前嫌，和好如初吧。"于是命令两人并坐，一起欢饮，出时共车，结友而去。

把握主要矛盾是解决问题的捷径。寇恂将个人恩怨放在次要位置，为大局谦虚相让，一心以国家为重，不能不用顾全大局来评价他。

识大体、顾大局，重视主要矛盾，不仅是一个人处世能力的体现，更是一个人自身修养的体现。其中有一颗宽容的心是不可少的。能宽容的人，都因其有雅量。有雅量的人能恕人，因而能容人。即使是仇人，也会变成朋友。可以说，凡伟大的事物，都来自宽容。

智慧 42
在主动和被动中变化

清朝乾隆年间，国丈庞荣是个千人恨、万人骂的人，仗着他是军机大臣，皇帝是他姑爷，欺压百姓，搜刮钱财，什么伤天害理的事都干得出来。刘墉恨死了他，他也恨死了刘墉。两个人你想除掉我，我想干掉你，就是狗咬刺猬，无从下嘴。

一天刘墉在早朝的时候递上了一个奏本，要求告老还乡。乾隆一看忙说："御弟，这可使不得，满朝文武谁告假我都准，就是不准你。"刘墉脾气还挺犟，说："你不准，我也走。"他是太后的干儿子，太后又曾封过他，乾隆也得让他三分。乾隆想：也好，让他回去休息个一年半载，以后有啥事再宣召他来京供职，他也不能不来，就准了。

刘墉回了山东历城老家，之后就没有人常给乾隆出主意了，虽说有的是大臣，可把他们绑在一起也比不过刘墉。乾隆有心把刘墉请回来，可又怕他摆架子，不买账。想来想去，终于想出了一个办法。一天早朝，他对满朝文武说："我这有个问题，限你们三天内答上来，答不上来，统统撤职。"什么问题呢？他说："什么上，什么下，什么东，什么西，什么肥，什么瘦。"文武大臣听了，一个个心里犯嘀咕：这怎么答呀。又想：要是刘墉在就好了，他准能答上来。他们找到了九门提督和珅，请他深夜赶往历城，请教刘墉，救大家一救。和珅对刘墉是又怕又恨，巴不得他不在朝上。可是大伙一个劲地求他去，他不去的话，别人的官不保，自己的官也不保啊，只好硬着头皮去了。和珅快马加鞭赶到了刘墉家里，此时刘墉正在拾掇菜园子，和珅见了他喘着气，不管情愿不情愿只好叫了声："老，老师，快，快救救我，我们吧。"然后把乾隆出题的事说了，可只说了"什么上，什么下，什么东，什么西"，后边两句"什么肥，什么瘦"就给忘了。刘墉说："这还不好答"，指着菜园子那些菜说："黄瓜上，茄子下，冬瓜东，西瓜西。"和珅一听，一拍脑袋，哎呀，这么简单，高兴得他一翻身上了马，照马屁股一鞭子，马撒开蹄子就跑回了京城。

第二天早朝，他赶忙穿好朝服，上了金銮殿。乾隆说："已经三天了，我的那个问题谁能答上来。"和珅跪奏："臣能答。"乾隆说："你说给我听听。"和珅说："黄瓜上，茄子下，冬瓜东，西瓜西。""那什么肥，什么瘦呢？"和珅一拍脑门说："哎呀，忘了问了。"乾隆心里明白，可故意发怒："什么黄瓜茄子、冬瓜西瓜的，胡说八道，拉出去给我斩了。"和珅心里正恨着刘墉呢，就大叫："皇上息怒，这不是我说的。""谁说的？""是刘墉。""好个刘墉，把他给我带来。"和珅得意了，心里想：刘罗锅呀刘罗锅，这回该叫你吃不了兜着走了吧。

太监捧了乾隆的圣旨来到了山东历城宣刘墉进京。刘墉进了金銮殿，乾隆问他："什么上，什么下，什么东，什么西，什么肥，什么瘦，你能答上来吗？"刘墉说："臣能答上来，君为上，臣为下，文为东，武为西。肥，肥不过春天的雨；瘦，瘦不过九月的霜。"乾隆又问："那你为什么告诉和珅黄瓜茄子，干什么？"刘墉说："我这叫在哪里说哪里的话，那会儿我在菜园子里说的自然是黄瓜、茄子。今天我是在朝廷，说的当然是天下大事。"乾隆连说："有理，有理。"亲自下殿拉着刘墉的手："御弟，你可不能再走了呀。"他心里美滋滋的，为自己用"计"请回来了刘墉而高兴。刘墉呢？比他更高兴，心想：我把和珅和你耍了个够，你们还蒙在鼓里呢。

宋代罗大经《鹤林玉露·临事之智》中云："大凡临事无大小，皆贵乎智。智者何？随机应变，足以得患济事者是也。"从一定意义上说，智者便是能随机应变之人。应变的最终目的是使自己永远处于主动地位，驾驭事态发展，以实现既定目标。具体一点说：应变从功用上讲不外乎保持主动和变被动为主动两种。在这种情境下，善于见机行事，处世变通，是一个人在日常交际中人情操纵水平的重要表现。乾隆皇帝就是巧妙地抓住了这一点才使自己处于主动地位。

《中庸》
64个人生智慧

　　一次，乾隆皇帝突然问刘墉一个怪问题："京城共有多少人？"刘墉虽猝不及防却非常冷静，立刻回了一句："只有两人。"乾隆问："此话何意？"刘墉答曰："人再多，其实只有男女两种，岂不是只有两人？"乾隆又问："今年京城里有几人出生？有几人去世？"刘墉回答："只有一人出生，却有十二人去世。"乾隆问："此话怎讲？"刘墉妙答曰："今年出生的人再多，也都是一个属相，岂不是只出世一人？今年去世的人则十二种属相皆有，岂不是死去十二人？"乾隆听了大笑，深以为然。确实，这刘墉的回答极妙——皇上发问，不回答显然不好；答吧，心中无数又不能乱侃，这才急中生智，转眼间以妙答趣对皇上。

　　大太监李莲英为人机灵、嘴巧，善于取悦慈禧，这种机灵常常为慈禧和下属摆脱困境。

　　慈禧爱看京戏，常以小恩小惠赏赐艺人一点东西。一次，她看完著名演员杨小楼的戏后，把他召到眼前，指着满桌子的糕点说："这一些赐给你，带回去吧！"

　　杨小楼叩头谢恩，他不想要糕点，便壮着胆子说："叩谢老佛爷，这些尊贵之物，奴才不敢领，请……另外恩赐点……"

　　"要什么？"慈禧心情高兴，并未发怒。

　　杨小楼又叩头说："老佛爷洪福齐天，不知可否赐个'字'给奴才。"

　　慈禧听了，一时高兴，便让太监捧来笔墨纸砚。慈禧举笔一挥，就写了一个"福"字。

　　站在一旁的小王爷，看了慈禧写的字，悄悄地说："'福'字是'示'字旁，不是'衣'字旁！"杨小楼一看，这字写错了，若拿回去必遭人议论，岂非有欺君之罪，不拿回去也不好，慈禧一怒就要自己的命。要也不是，不要也不是，他一时急得直冒冷汗。气氛一下子紧张起来，慈禧太后也觉得挺不好意思，既不想让杨小楼拿去错字，又不好意思再要过来。

　　旁边的李莲英脑子一动，笑呵呵地说："老佛爷之福，比世上任何人都要多出一'点'呀！"杨小楼一听，脑筋转过弯来，连忙叩首道："老佛爷福多，

140

这万人之上之福，奴才怎么敢领呢！"慈禧正为下不了台而发愁，听这么一说，急忙顺水推舟，笑着说："好吧，隔天再赐你吧！"就这样，李莲英为二人摆脱了窘境。

李莲英的应变巧在借题发挥，将错就错。对于错误生硬地扳正或否认，都是不成熟的做法，借力使力把错误说"圆"，方见应变的智。

智慧 43
退让折中，隐忍适度

"中庸"处世讲的是不管在什么样的情况下，都能做到"中"，不偏不倚，恰到好处。前面已经讲过，"退"是一种为人处世的策略，是大智慧，但"退"并不是懦弱，更不是逃避，而是要等待时机更进一步。我们仍旧从历史中寻找证据。

楚庄王即位不久，只知道寻欢作乐，不理朝政，甚至下了一道命令：如果有议论国君之得失者，格杀勿论！朝中大臣们都噤若寒蝉，有话也不敢说。这天，楚庄王在后宫左搂右抱，手下伍举觐见，楚庄王很不高兴，就对伍举说："你有什么要紧的事赶快说，没看见本王正忙着吗？"伍举笑着对楚庄王说："倒也不是什么大不了的事，只是微臣听说大王特别喜欢猜谜语，臣这里有一个，许多人都猜不出来，所以今天特地来献给大王，看大王能否猜出来。"楚庄王很不耐烦："快讲给我听！"伍举看楚庄王已经中了自己的圈套，知道自己的性命无忧，当下一字一顿地说："山上有只鸟，三年不飞，三年不鸣，请问大王这是什么鸟？"楚庄王明白伍举是在说自己："我以为是什么样的谜语呢，原来是这个呀，这有什么可奇怪的呢？三年不飞，一飞冲天；三年不鸣，一鸣惊人。"

事实上，楚庄王表面上寻欢作乐，暗地里却一直在寻找忠臣。后来，大夫苏从直言敢谏，楚庄王才告诉大家真相："我整整等了三年，才遇到像伍举、苏从这样的忠臣，你们是楚国振兴的希望所在！"之后下令，杀掉那些只会拍马屁的人，重用伍举和苏从，全力发展生产，整顿军队，使楚国日益壮大起来，终于打败了晋国，成为春秋五霸之一。

原来楚庄王的目的是使其他国家放松警惕，然后得到贤臣，壮大自己的实力，最终"一飞冲天，一鸣惊人"。这可谓是楚庄王得以胜出的妙计，让自己的国家停滞三年，这也就是"退让"巧妙之所在了。楚庄王并不是一味地退让隐忍，也不是因为害怕而逃避，而是为了让国家得到更大发展。

在当今社会中，与人交往也好，与人共事也好，如果一味地强调自己该怎么样进步，该怎么样出人头地，哪怕是身处逆境的时候，还硬着脖子，不让不退，那是多么危险的事。

在现实社会中有很多人会认为，退让是懦弱的表现，这无疑是一个思想认识上的误区。退让并非是因为自己做不到或是做不好而逃避，也并非是害怕别人，或是不自信、不坚强，而是分情况、分时间、分场合，符合"中"的尺度。

所谓适中的"退让"，就是见好就收，不能贪得无厌，因为社会有它存在的规律，这是自然法则，谁也打破不了。好人不可做完，好事不能做尽，懂得这一点，不管是进还是退都有尺度，才不会因此而失去更多的原本属于自己的东西。

智慧 44
真正有才华的人不会自以为是

《孟子》有两句话：将军不敢骑白马，亡人不敢夜揭烛。它的主旨是：不要过于引人注目，否则很容易成为众矢之的。

越是锋利的宝刀，越不可轻易出鞘，如果自恃削铁如泥而不善加保护，不但锋芒会被磨损，更容易惹出祸患。所以越是有才华的人，如果不会自我保护，越容易使才华过早地埋没。

真正聪明的人，不会自以为是，他们为人处世，以谦虚好学为荣。常为自己的无知或不如人而惭愧，希望能够得到更多的学习机会，向别人求教，丰富和完善自我是他们的目的。即使自己确有才智，也不会四处去出风头，刻意地炫耀或展示自己。

在一般情况下，忍住显示自己才智的欲望，可以获得更多的才能，保持不自满的心态，同时也可以避免因为炫耀自己的才能，招致他人对自己的妒忌、诋毁、攻击乃至陷害。过于夸耀和显示自己的才智是不智之举。三国时的杨修有才，但他不知道保护自己，耐不住性子，总是在曹操面前显露出来，那不是自己找死吗？

就一般人而言，总是愿意大家彼此差不多，他好我也好，否则就会"枪打出头鸟"。而这句话也是说那些在日常工作中因为有特殊才能，或有特别贡献而冒了尖的人，往往容易成为受打击的对象。古人云"木秀于林，风必摧之"，你要是在哪一方面特别突出，便往往会受到人们的攻击、嘲讽、指责。更有甚者，由于妒忌心重还可能给你使绊子，让你生活在一种无形的压力之下，时时处处都有障碍，让你人做不好，事干不成。可以说妒忌是人世间一种非常有害的心理，它可以使妒忌者自己形成一种非常低下的、丑陋的心态，使妒忌者走向一条狭窄的人生道路，也使受妒者受到极大的伤害。

在日常生活和工作中，妒忌却又无时不有，无处不在。妒忌的形式也是多种多样的。朋友之间，同事之间，同学之间，甚至兄弟姐妹之间，都会出现妒忌现象。每个人所处的社会环境和家庭环境不同，社会和他人对你的认同感也就相应不同。人在一起工作生活，自然要相互攀比，而妒忌也就是通过比较，看到他人的卓越之处，看到他人的成功之处，而使自己产生了羡慕、烦恼和痛苦，于是对别人产生了怨恨。受人妒忌绝非好事，所以即便你能力很强，也不要掩盖其他人的光芒，不要对别人的生存造成威胁。

有些人是自私的，你呼风唤雨，一定惹来这些人的妒忌。表面上，他们或许阿谀奉承，甚至扮作你的知己和倾慕者，会锦上添花地向你说："看来，老板就只信任你一个！""唔，经理这个位置，非你莫属了！""嘿，他日一旦一人之下万人之上，千万别忘记我啊！""你的聪明才智，公司里没人可及啊！"切莫被美丽的谎言冲昏了头脑，聪明的人必须是理智的。你应该明白，这些人只是表面热情，私底下却恨你入骨。为了避免遭人放暗箭，请收敛你的得意之态，谦虚一点。你可以告诉他们："不要乱开玩笑，公司有很多人才呢。""我的意见只是一时灵感，没啥特别的！""我还有更多的东西要学。"

人当然应该尽其所能地发挥自己的能力，但行走社会，如果太强调个人，而忽略了别人的存在，迟早是要吃苦头的。在一个团体里，个人能力太强，会掩盖其他人的光芒，使他们相较之下黯然失色，于是会产生几种心理状态：怀疑自己的能力；对自己的处境感到不安。随之而起的便是自卫，表现出来的则是抗拒和攻击。抗拒是抵制你，拒绝和你合作；攻击则是找你的弱点和小辫子，加以渲染、扩大，中伤你、打击你，欲将你除之而后快。由于他们有这种心理，你当然就难以和他们相处了。

而且这种状况也会造成上司在领导上的难题——他要买你的账，又要安抚其他人的不平，多累！因此虽然你的能力创造了你个人的荣耀，实际上已为你自己埋下了一颗又一颗的不定时炸弹。

能力强不是罪过，但却常遭到排挤，反而容易不得志，这不能说是别人心胸狭窄，而是人类自卫本能所造成的，因此在一个团体里与人共事，即使你能力很强，也必须注意：

① 懂得谦卑。通常能力强的人容易在荣耀中自满、骄傲。目中无人，这是大忌，因此必须懂得谦卑、尊重别人，这样别人就比较不会感受到你的威胁，至少不会处处与你为敌。

② 适度收敛。有时表现十分的能力，有时则只表现八分，好让别人也有表现的机会，就好比一位超级球员，尽管个人得分能力超强，可有时也应给队友传传球，让大家也有机会表现。

许多人都知道"山外有山，天外有天"的道理，给别人表现的机会，也是一种与人共事的艺术。

智慧 45
进退结合乃做人之真谛

进退之学，历来为人重视，其隐含着做人办事之道。我们知道，人生中总有迫不得已的时候，该怎么办呢？大凡人在初创崛起之时，不可无勇，不可以求平、求稳，而在成功得势的时候才可以求淡、求平、求退。这也是人生进退的一种成功哲学。

1. 后撤是一门做人的哲学

为什么要后撤？因为再往前面冲，就可能遭遇大麻烦，甚至大危险。换句话，退一步是为了更好地前进一步。这个道理人人皆知，但有许多人就是做不到后撤一步，总是想向前逼进，结果是适得其反。在做人之智中，后撤哲学令人深思、反复玩味。

2. 在进退之间明白人生道理

早在安庆战役后，曾国藩部将即有劝进之说，而胡林翼、左宗棠都属于劝进派。劝进最厉害的是王闿运、郭嵩焘、李元度。当安庆攻克后，湘军将领欲以盛筵相贺，但曾国藩不许，只准各贺一联，于是李元度第一个撰成，其联为："王侯无种，帝王有真。"曾国藩见后立即将其撕毁，并斥责了李元度。在《曾国藩日记》中也有多处诫勉李元度审慎的记载，虽不明记，但大体也是这件事。曾国藩死后，李元度曾哭之，并赋诗一首，其中有"雷霆与雨露，一例是春风"句，潜台词仍是这件事。

在进退关系上，曾国藩把握得极好，他不愿只做一个只知进而不知退的人，因为他相信这样一句话："退身可安身，进身可危身。"

3. 不善进退者，自然是败者

不善进退者，自然是败者。我们知道过于急进者，常会自以为聪明至极，从而在某一天突然遭到大败。因此，进是基于摸准对方心理的行为——只有摸准对方，才能进行有效的行动，这是人际交往的基本道理。有头脑的人在这方面做得很出色，摸透对手的弱点，以退为进，把"退功"发挥得淋漓尽致。

身处各种角逐场中的人，常会遭到意想不到的危机。我们从历史上看到，李斯得到秦始皇的信任，却死于秦二世手里；贾谊得到汉文帝的赏识，却遭到一批老臣的排挤。有赤诚之心者，如比干、如屈原尽忠而死者比比皆是，因而留下了美名。文天祥的两句诗对此做了概括："人生自古谁无死，留取丹心照汗青。"有狡猾手段的如赵高、秦桧之流，虽然曾经一时得势，终究不能长久，也终有大祸临头的时候。

进退之道是一种在不得已的情况下，解决问题的最稳妥的办法。也许，对于那些有头脑的人来说，暂时的退是为了下一次更猛烈的进。

4. 身处劣势，以退为进

退步有时是为了获得更大的进步，就像体育运动中的跳远一样，为了跳出好成绩，退几步是必须的。许多人对后退常常不理解，认为是一种倒退。事实上，在前进中，双方对峙势均力敌的时候，干耗不是出路。当有一方出现异常而后退时，他的目的很明显：打破僵局，争取最大的冲击力。同样，生活和学习也是一样，在走进死角而不能摆脱时，我们把问题放下，做一些其他的事情，在经过一段时间的放弃和精神松弛后，原本复杂的难题此时也许会变得非常简单，这就是以退为进，调换思维的结果。

身处弱势者，一定要巧妙避开对方的锋芒，从对方弱处找机会，找以退为攻的机会。

屈伸相对，屈可为退，伸可为进，合为躲闪之功。在较量的各种场合，都不能不注意屈伸，否则就会掉进悬崖。有人说，屈伸有度，进退自如行天下，这是明白人熬过难关的智举。

在长期的军事斗争生涯中，朱元璋非常注意斗争策略，从不凭匹夫之勇蛮冲蛮打，鲁莽行事。有时候，敌人的力量相对强大，朱元璋能够保持清醒的头脑，不冒险攻击敌人，甚至做出某些让步，从长计议，以免吃眼前之亏。他很清楚，在军事斗争中，只贪一时之功，图一时之快，解一时之恨，危害是非常大的，有时还可能导致全军覆没，前功尽弃。只有具备了长远眼光和全局观念，有屈有伸，善于斗争，才有可能得到发展，夺取最后的胜利。

上面讲战事中的攻守屈伸，做人办事也应当如此，因为人生的硝烟不亚于战场，应该善于把握时机，屈伸有度，渡过难关。

古人说："好汉不吃眼前亏。"而这里我们要变通一下："好汉能吃眼前亏！"这是因为吃眼前亏是为了换取其他利益，为了获得存在，为了实现更高远的目标。

假设有这样一种情境：你开车时与他人的车擦撞而过，给对方的车弄了一处小伤，甚至可以说根本算不上伤，可是你不想吃亏，准备和对方理论一番。突然，对方车上下来四个彪形大汉，个个横眉竖目，围住你索赔，眼看四周无人相助，也无公用电话，更不可能有人对你伸出援助之手。请问，你是要吃赔钱这个亏，还是等着被揍得鼻青脸肿呢？

当然，如果你能说退他们，或是能打退他们，而且保证自己不受伤，你完全可以不吃眼前这个亏。

如果你不能说又不能打，那么看来只有赔钱了事了。你说他们蛮横无理，欺人太甚，但这种情形之下，你也毫无办法。你应该明白的是，在社会上，说理这件事并不容易，也并不是何时何处都能说理！适者生存，太多的时候，你根本没地方说理去。从上面这一假设的情形来看，赔钱就是一种眼前亏，但你若不吃，换来的可能是一顿拳打脚踢或是车子遭到破坏。你也许会想，去报警。人都快被打死了，还去报警？再说报警也不一定有用啊！所以这里我们说"好汉能吃眼前亏"，因为眼前亏不吃，可能预示着你要吃更大的亏！

可是有不少人一碰到眼前亏，就会为了所谓的面子和尊严而与对方展开搏斗，有些人因此而一败涂地不能再起，有些人虽然获得惨胜，但已元气大伤！

所以，当年轻人在社会上碰到可气但又对你不利的环境时，千万别逞血气之勇，也千万别认为士可杀不可辱，宁可吃点眼前亏。

能吃眼前亏，可保百年身呀！

智慧 46
锋芒不要太露

　　智者告诫仁者说，一个聪明而富于洞察力的人身上会潜藏着危险，那是因为他喜欢批评别人。雄辩而学识渊博的人也会遭遇相同的命运，因为他暴露了别人的缺点。所以，一个人还是有所节制为好，采取谨慎的处世态度，不可处处占上风。如果一个人锋芒毕露，一定会遭到别人的嫉恨和非议。就像出头的椽子会先烂掉，太高的树容易遭大风折断。这样的例子在现实生活中比比皆是。

　　世上的高人往往其貌不扬，不太抢眼，避免别人的注意，所谓真人不露相，露相非真人。练就一笔好字的人谎称不会书法，这样可以推掉许多违心的差事；力大无比的人往往装得手无缚鸡之力，紧急时才能够出乎意料地打败来犯者。做人，锋芒太露，就等于把自己的底牌给对方交代得一清二楚，一旦交起手来，就首先输掉了一半，实难收到突见奇功的效果。

　　但做人又不能不露锋芒或藏而不露。不露锋芒、藏而不露，总给人一种遮遮掩掩、躲躲藏藏的感觉，让人觉得你这人虚伪无比。不可不露，却又不能太露或乱露，那就只有深藏不露。深藏不露的真谛就在于，不刻意显露。有能力终究是要露出来的，只要时机、地点、人事三者合适。如果有一样不合适，那就不要乱露，以免招来不必要麻烦，徒然增加自己的苦恼。

　　这种深藏不露的处世智慧与西方张扬个性注重表现有所不同。西方教育注重"表现"，主张"有能力就要表现出来，有一手就要露出来"，否则和没能力没有什么两样。西方人不但好表现，而且还要随时告诉别人自己表现了些什么东西，甚至随身携带一些以资佐证的物件，证明自己确实如此。

　　中国人当然也明白"表现"的道理，知道"老虎不发威，很容易被当作病猫"。不过我们更了解"虎落平阳被犬欺"，在表现之前，先做好"等到达那里，先打听一下当地的情况，再做打算"的准备工作。所以两者的区别不在于表现不表现，而是怎样表现。前者是舍身哲学，主张能露就露，露光了就走路；后者是守身哲学，主张先打听一下，看一看露到什么程度最合理，然后才合理地显露。

深藏不露是为了看一看有没有比自己更合适的人露。若大家都争着要露，特别是那些才能平庸又缺乏自知之明的人，其结果只能是埋没了真正有才华的人，阻了他们的道。不强出头，其实就是在不应该自己出头的时候，千万不要出头；非要出头不可，也应该设法让别人先出头；万一让不过，才抱着我是不得已而为之的心情来出头。当然，没有什么本领的人无需讲究什么深藏不露。因为自己很平庸，就算利用深藏不露来"藏拙"，充其量也只能隐瞒一时，最终会被人识破，原形毕露。

大凡胸怀大志，打算干一番轰轰烈烈的事业的人，都能屈能伸。这就好比一个矮小的人，要登高墙，必须要寻找一个梯子作为登高的台阶，假如一时寻找不到梯子，那么，即使旁边有一个马桶，未尝不可利用作为攀登的阶梯。假如嫌它臭，就爬不到高墙上去。

韩信年少时曾受过胯下之辱，但他并不是懦夫。他之所以忍受这样大的屈辱，是因为他的人生抱负太大了，而当时他"小不忍则乱大谋"。后来跟随刘邦逐鹿中原，风云际会，先后做过齐王和楚王。他在与部下谈起这件事时说：难道当时我真没有胆量和力量杀那个羞辱我的人吗？不是，而是如果杀了他，我的一生就完蛋了，我忍住了，才有今天这样的地位和成就。

人们在制定理想目标时，往往在实践过程中都会遇到这样那样的困难和挫折，致使你气愤、胆怯、自卑、情绪冲动、灰心丧气、意志动摇等，立志愈高，所遇到的困难就愈大，猝然临之而不惊，无故加之而不怒，这就是大丈夫能屈能伸、乐观坚毅的表现。

苦难是一种前兆，也是一种考验，它选择意志坚韧者，淘汰意志薄弱者。要达到奇伟瑰怪的人生境界，要成就任重道远的伟业，必须具有远大的志向和极端坚忍的品质。

《中庸》
64 个人生智慧

一场大雪过后，树林子出现了有趣的现象，只见榆树的很多枝条被厚厚的积雪压得折断了。而松树却生机盎然，一点儿也没有受到伤害。原来榆树的树枝不会弯曲，结果冰雪在上面越积越厚，直到将其压断。而松树却与之相反，在冰雪的负荷超过自己的承受能力时，便会把树枝垂下，积雪就掉落下来。松树树枝因能向下，雪易滑落，所以枝干依旧挺拔，巍然屹立。能屈能伸，刚柔相济，正是这种气度和风范使松树经受了一场场暴风雪的洗礼。

人世间的冷暖是变化无常的，人生的道路也是变化无常的，当你在遇到困难时，或许退一步就会海阔天空。当你在事业一帆风顺的时候，一定要有谦让三分的胸襟和美德，应该把功劳让与别人一些，不要居功自傲，更不要得意忘形。该进则进，该退则退，能屈能伸。

也许你做出了一点成绩，你就以为自己是最优秀的；也许你拥有某方面的能力，就以为很少有人超过自己。这是很多人常有的心态。实际上，当你有这种心态时，你正处于危险状况。因为强中自有强中手，山外青山楼外楼，世上总有比你强的人。即使你在某方面很优秀，你也不可能各方面都优秀。每个人都有自己的弱项，如果骄傲自大，将会给自己带来意料不到的损失。

当你越来越深入你的领域，接触越来越多的人之后，你就会发现外面的世界很大，外面的天空更加高远，周围的人群中有无数奇人高手。你永远不可以断定：我就是最了不起的。

我们无论面对比自己强的人还是比自己差的人，都要谦虚地和他相处。因为三人行必有我师。

谦虚自然地与人相处，别人舒服，自己也舒服。谦虚不是抬高别人，也不是踩低自己。谦虚恰恰是一种容忍他人的能力，是一种成功者的胸怀。古人一例，令后人感触很深。

阳子居有一日西去徐州，恰巧碰到老子西去秦国。郊外相逢，阳子居自以为有学问，态度傲慢，老子便为阳子居深感惋惜，当面批评阳子居："以前我还认为你是个可以成大器的人，现在看来不可教诲啦。"

阳子居听了老子的话，心里很不舒服，后悔自己为什么当时那样。老子也很失望。回到旅店后，阳子居觉得自己应当做得自然一些，起码要敬重长者，敬重有道德学问的老子，便主动给老子拿梳洗的工具，脱下鞋子放在门外，然后膝行到老子面前，谦虚地说："学生刚才想请教老师，老师要行路没有空闲，因此不便说话。现在老师有空了，请您指教我的过失。"

老子说："想想看，你态度那么傲慢，表情那样庄严，一举一动又如此矜持造作，眼睛里什么都没有，这样，将来谁和你相处呢？人，没有他人围绕着你，行吗？你应该懂得：最洁白的东西好像总有些污秽的感觉，德行最高尚的人总认为自己不十全十美，学问虽了解了，在许多方面他是不行的。知道自己不行，你才知道自己真正行的地方；眼睛里只看到自己行，实际上，你哪个地方都不明白。"

阳子居先是吃惊，渐渐地脸上浮现惭愧的神色，谦虚地说："老师的教导使我明白了做人的真正道理。"

开始阳子居去徐州的路上，旅舍客人恭敬地迎送他。他住店时，男老板为他摆座位，女老板为他送手巾，大家也给他让座。虽然恭敬，彼此都不舒服。接受老子教诲后，阳子居态度随和，为人谦逊。归途住店，客人都随意地和他交谈，他也感到和大家相处得很亲切。

一位哲学家说过："如果你要得到仇人，就表现得比你的朋友优越吧；如果你要得到朋友，就要让你的朋友表现得比你优越。"这句话可以说是至真哲理。

之所以这样，是因为人都有一种心理，当别人表现得比他优越时，他心里会不自觉地产生嫉妒和自卑的情绪，从而感到不快。而如果你表现得不如他，他和你在一起比较容易感到舒服。学识丰富的人，由于对知识过于自信，多半不容易接受别人的意见。不仅如此，他们往往强迫别人接受自己的判断，或擅自做决定。一旦这么做，将会导致什么后果呢？被压制的人，会觉得受到侮辱、伤害，而不会心甘情愿地听从。他们可能会愤怒、反抗。更严重的，也许会诉诸法律。这样的年轻人应懂得，知识要丰富，态度要谦虚。

随着知识量的增加，你应该更加谦虚。即使谈到自己有把握的事，也要

《中庸》
64 个人生智慧

装出不太有把握的样子。陈述自己的意见时，切勿太过武断。若想说服别人，就先仔细倾听对方的意见。这种程度的谦虚，是不可或缺的。要是你讨厌被批评为假道学或俗不可耐，也不喜欢被认为没有学问，那么，最好的方法就是不要故意卖弄学问，用和周围的人同样的方式说话。不要刻意修饰措辞，只要纯粹地表达内容即可。绝对不可让自己显得比周围的人更伟大，或更有学问。

知识恰似怀表，只要悄悄地放在口袋里就好。没有必要为了炫耀而从口袋中取出来，也不必主动告诉别人时间。若有人问你时间，只要回答那个时间即可。

学问，好似不可缺少的装饰品。如果我身上少了这样东西，想必会觉得丢脸。不过，为了避免犯过错而招致诽谤，则必须十分谨慎。

很多步入社会的年轻人，最容易忽视这个问题，由于年轻，所以气盛，互不相让，从而使自己和他人陷入尴尬的境地。

当你指出别人的错误时，无论你采取什么方式，即使一个蔑视的眼神，一种不满的腔调，一个不耐烦的手势，都会使对方产生极大的不满。你以为他会同意你所说的吗——即使你说的是对的，一般不会。因为你否定了他的智慧和判断力，打击了他的荣耀和自尊心，同时还伤害了他的感情。他不但不会改变自己的看法，反而会进行反击，这时，你就是搬出所有柏拉图或康德的逻辑也无法说服他。

永远不要对别人说："看着吧！你总有一天会知道我是对的！"这等于说：我会让你改变看法，我比你更聪明。——这难道不是一种挑战吗？在你还没有开始证明对方的错误之前，他已经准备迎战了。这样只会增加说服的困难。

人类的嫉妒心理是相当普遍的。因此，我们对于自己的成就要轻描淡写，永远不要得意忘形。我们要谦虚，只有这样，才会受到欢迎。做人要做到：比别人聪明，但不要告诉人家你比他更聪明。这样才是明智的。比别人聪明，而却显得愚钝，这才是大智慧，正所谓：大智若愚。

三国中的曹操可谓乱世枭雄，当世豪杰他没把谁放在眼里，"青梅煮酒论英雄"，更是预见准确，那些所谓"英雄"都被他琢磨透了。

"智者千虑，终有一失。"他这一疏忽，就被司马氏抢了江山。

据说曹操知道司马懿有大志，又认为他有"狼顾"之相。什么是"狼顾"，狼的头和脖子可以左右转 180 度，司马懿生有异相，身躯、肩膀不动，头可以向后转 180 度。曹操认为司马懿"狼顾"，就是狼心狗肺，心术不正。

但是司马懿每天勤于公务，废寝忘食；从公文到马匹，从内务到外勤，事必躬亲，吃苦耐劳，工作做得井井有条；对曹操更是毕恭毕敬，马首是瞻。久而久之，生性多疑的曹操也放下心来，认为他是一个胆小怕事的人。殊不知这些都是司马懿装出来的。

司马懿不仅骗过了曹操，也骗过了曹丕。他无论身居何职，都用各种方式不温不火地向曹丕表示忠诚。在他的努力下，曹丕一步步登顶，司马懿的权力也越来越大。

密藏不露是自我保护的重要手段，它会减少遭到别人暗算或报复的机会。

曹芳继位后，曹爽掌权，为排挤司马懿，对司马懿明升暗降，剥夺了兵权。自此曹爽放心玩乐，后来听说司马懿有病，派人假意辞行以探虚实。司马懿老态龙钟，听不清说话，双手颤抖，进食困难（当然这又是装的），至此曹爽心中的戒备一丝都没有了。谁想当他在野外游猎正浓时，却被司马懿父子端了老窝，稍后又夺取了兵权，曹爽后来被斩首。

司马懿在自己的上司面前，巧妙地表现了自己的"懦弱"，从来没有功高盖主的举动，将自己的真实力量和野心都掩藏起来，最终赢得了天下。

古人云："鹰立如睡，虎行似病，正是它攫鸟噬人的法术。故君子要聪明不露，才华不逞，才有任重道远的力量。"因此，以弱点示人，可以保护自己免受伤害，当条件成熟时，则可叫敌人防不胜防，一举成功。

孙膑和庞涓都是鬼谷子的学生，后来各为其主领兵打仗，昔日同窗今日却成了对手冤家。孙膑计高一筹，斗智不斗力，隐强示弱，逐渐减少兵灶数目，庞涓认为孙膑兵力在逐渐减少，自然大喜，命令手下军士抛下辎重，轻装上阵，紧追不舍。最后两军战于马陵，孙膑集合全部兵马给庞涓以迎头痛击，大煞敌人威风。可怜庞涓溃败，只好自刎而死。孙膑减灶，逼死庞涓，传为千古美谈。

生活中也是如此，适当地表现出自己的"懦弱"并不意味着真的胆小怕事，以弱示人往往会有更大的收获。

智慧 47
圆通而不圆滑

做人做事必须圆通，只有圆通才有方式方法可言。

一个国家，一个社会，必须分清是非，建立自身的道德原则和价值标准，这是"方"，"无方则不立"。但是，只有方，没有圆，为人处世只是死守着一些规矩和原则，毫无变通之处，过于直率，不讲情面，过于拘泥于礼仪法度，不懂得根据具体的情况灵活把握，则会流于僵硬和刻板。比如郑人买履，他在去市场买鞋之前，先量好自己脚的大小尺寸，等到了市场才想起自己忘了拿尺码。卖鞋的问他为什么不用脚试一试呢，他回答说，宁可相信尺码，不信自己的脚。还有刻舟求剑的故事，说的都是做人拘泥于已有的条条框框，刻板，僵化，不知变通。做人，要学会圆通，但不能圆滑。

圆通就是通常人们所说的持经达权。它意味着一个人有一定的社会经验，对社会有一定的适应能力，能处理得好人与人之间的关系，对复杂的局面能控制得住。

圆滑这两个字，人们一般是不太喜欢的。那么，究竟什么是圆滑呢？它是指一些人在做人做事方面不诚实、不负责任，油滑、狡诈。圆滑的人外圆内也圆，为变通而变通，失去原则。有圆无方失之于圆滑，表面上看是对人一团和气，实际上已丧失了原则立场。

圆滑是一种"泛性"。它可以表现在一个人做人的各个方面：既可以表现在他的"政治行为"之中，也可以表现在他的"工作行为"之中，还可以表现在一个人待人接物的细小事务之中。有成熟意义上的圆滑，如"老奸巨猾"；也有一般意义上的圆滑，如占小便宜之类的圆滑。

圆滑的人在回答问题时，不是直截了当地表达自己的立场和观点，而是含含糊糊，模棱两可，似是而非。比如："请问要喝咖啡，还是红茶？"圆

《中庸》
64个人生智慧

滑的人不是明白爽快地回答"咖啡"或"红茶",而是这样回答:"随便"或"哪样都可以"。林语堂先生把这种表现称之为"老猾俏皮"。他打了一个比方:假设一个九月的清晨,秋风倒有一些劲峭的样儿,有一位年轻小伙子,兴冲冲地跑到他的祖父那儿,一把拖着他,硬要他一同去洗海水浴,那老人家不高兴,拒绝了他的请求,那少年忍不住露出诧怪的怒容,至于那老年人则仅仅愉悦地微笑一下。这一笑便是俏皮的笑。不过,谁也不能说二者谁是对的。

在对某些问题的判断和看法上,圆滑的人常以"很难说"或"不一定"之类的话来搪塞。每一句话都对,听起来很有道理,但是说了等于没说。在遇到什么重大的事或难办的事时,圆滑的人更是一般不会轻易表态。往往只在有了"定论"之后才发表他"智者的高见",事后诸葛亮的"妙语"比谁说得都好听。

圆滑的人一般都是"随风倒"的人。像墙头上的草,善辨风向,见风就转舵。这类人,没有是非标准,"风向"对他们来说是唯一判别的标准,谁上台了就说谁的好,谁下台了又开始说谁的不好。

圆滑的人,情感世界复杂多变。待人接物显得非常"热情",充满了"溢美"之词,然而只要你细细地观察,就会发现这类"热情"中不乏虚伪的成分。这类人,当面净说好话,可一转脸就变成骂娘的话了。这类人,怀揣一种肮脏的心理,设置一些圈套让一些不通世故的人往圈套里钻,甚至"坑"了人家还要让他人说感激的话。

满脑子"圆滑"的人,看什么事情都觉得相当圆滑,连带看什么人都觉得丑陋、卑鄙。圆滑者可鄙,提倡做一个圆通而不圆滑之人。

158

智慧 48
宠辱不惊，委曲求全

子曰："好学近乎知，力行近乎仁，知耻近乎勇。"

人们在日常的社交过程中难免与别人产生矛盾，这时作为当事人应该主动"礼让三分"，多从自己方面找原因。俗话说："大丈夫能屈能伸"，克己忍让是为了让时间、让事实来表白自己，为了恢复自己应有的形象，得到公允的评价和赞美，为了以后更好地"伸展"。

忍让不是懦弱可欺，相反，它更需要自信和坚忍的品格。古人讲"忍"，有两层意思：一是坚忍，二是抑制。中国古代的名将韩信，家喻户晓，其武功盖世，称雄一时，且十分善用屈伸之术。

韩信未成名之前，并不恃才傲世，目中无人。相反，倒是谦和柔顺，能屈能伸。

有一天，韩信正在街上走。忽然，面前出现了三四个地痞流氓。他们抱着肩膀，叉着双腿，趾高气扬地眯着眼睛斜视韩信。韩信先是一惊，随即抱拳拱手道："各位仁兄，莫非有什么事吗？"

其中一个撇了撇嘴，怪笑道："我们哥儿们是有点事找你，就看你敢不敢做！"

韩信依然很平静地说："不知是什么事，蒙各位抬爱竟然看得起我韩信？"

那些人都哈哈大笑起来，说："我们不是要抬你，而是要揍你。"

韩信看看他们，依旧平心静气地问："各位，不知我哪里得罪了大家。你我远日无冤，近日无仇，为什么要揍我？我实在不明白。"

那人说："不为什么，只是听说你的胆子很大，今天我们几个想见识见识，看你到底有多大的胆子，是不是比我们哥儿们胆子还大？"

韩信一听，知道对方是在故意为难自己，他心中很是气愤，却忍住了怒火，脸上赔笑道："各位，想是有人信口误传，我哪里有什么胆识，又岂能跟你们相提并论，我没有胆识，没有胆识。"

那群人轻蔑地望着韩信，听他这样说，依然不肯放他过去。那领头之人，对韩信说："看你老实，今天我们不动手。你要有胆识，就把剑拿起来，砍我的脑袋，那就算你有种。要不然，你就乖乖地从我的胯下钻过去。"

韩信皱了皱眉，围观的人早已议论纷纷，都非常气愤，让韩信去拿剑宰了这狂妄之人。

韩信暗暗咬咬牙，缓缓屈身下去，从那人的胯下爬了过去。众人无不惊愕，连那群流氓也怔在那里。韩信站起来掸掉身上的尘土，头也不回，扬长而去。

从那以后，那群流氓再也没找过韩信的麻烦。而韩信后来功成名就，又提拔当年的那个流氓做了小小的官吏，那人自然是感恩戴德，尽心尽力。

韩信可谓是一个聪明的人。试想，如果当时韩信火冒三丈，一怒之下杀了那个人，必然会有一场恶战；纵使是韩信胜了，也免不得要吃官司，凭空出横祸，那对他日后的发展定会留下隐患。

在生活中，当别人向你挑衅的时候，你一定要保持冷静，权衡利弊，千万不可凭一时冲动而率性而为，要记住：小不忍则乱大谋，克己忍让才是君子所为。

树高于林，风必摧之。人高于群，人必妒之。这是人性丛林中的法则，生于世上的人不得不面对。通常看来，"深藏若虚"的处世之道，会给人造成一种深不可测之惑，其中隐含着忽明忽暗的道理，可以让人随时变被动为主动，从而起到"翻盘"的作用。

各人都有自己的时运，应该对自己的时运心中有数，并不宜滥用阴谋，以免弄巧成拙。冷静、清醒的头脑是"黑白大师"所推崇的素养。耐心等待自己时来运转，不可轻举妄动。

为人处世非有城府不足以立世，含蓄来自自我控制的黑白转化之功。能够像冰山一样只露出一角，让人摸不透你的心思，你会自保无虞，而且具有强大的威慑力。要做之事莫讲出，说出的话莫照作，让人无法掌握透视你的深浅，此为黑白不倒翁之法宝。

聪明人如果想得到别人的尊敬，就不应该让别人看出你有多大的智慧和勇气。让别人知道你，但不要让他们了解你：没有人看得出你的极限，也就没有人感到失望。让别人猜测你甚至怀疑你的才能，要比显示自己的才能更能获得崇拜。你要不断地培养他人对你的期望，不要一开始就展示你的全部力量。隐瞒你的力量和知识的诀窍是要胸有城府。"黑"的一种基本的形式便是受辱而不惊，也就是说，当别人侮辱自己的时候，能够克制情绪，而不马上觉得自己丢了脸、失了面子，因此火冒三丈、恼羞成怒，抱着一种"人不犯我，我不犯人；人若犯我，我必犯人"的心理，破口大骂，大打出手，非要把面子争回来不可。在这种情况下，首先是心平气和地接受这一事实。至于以后如何，等等再说。

巴顿是"黑白不倒经"的反面教材，他爱放大炮，毫无城府，不但使上司颇为难堪，而且自己也失去了不少人缘，被同事们称为"和平时期的战争贩子"。1925 年巴顿到夏威夷的斯科菲尔德军营担任师部的一级参谋。一年后，他被升为三级参谋。巴顿的工作主要是负责对战术问题和部队的训练提出建议并进行检查，但他经常越权行事。1926 年 11 月中旬，他观看了第二十二旅的演习，对这次演习非常不满。他直接向旅指挥官递交了一份措辞激烈的意见书。他的这种做法是纪律所不允许的，因为他只是一名少校，无权指责一名准将指挥官。这样一来，他便招致了上司的非议和怨恨。

但巴顿并未汲取教训。1927 年 3 月，在观看了一场营级战术演习后，他又一次大发其火。他指责营指挥官和其他人员训练无素，准备不足，没有达到预定的目标。虽然这次他很明智地请师司令部副官代替师长签了名，但其他军官心里很清楚，这又是巴顿搞的鬼，所以联合起来一致声讨巴顿。众怒难犯，师长没有办法，只好把这位爱放大炮的参谋从三级参谋的位置上撤下来，降到二级。

一个人即使是天才，如丝毫不懂收敛，也是很难立足的，而且会招致难料的厄运。崭露锋芒是正常的，但应认清形势，把自己的位置摆正，做到自我保护。心直口快往往陷己于不利之地。

《中庸》
64 个人生智慧

智慧 49
保留自己的底牌

为人处世应设法保持自己的神秘，亮出自己底牌的人让别人按牌来攻，肯定会输掉。混得再不好，也不要向别人诉苦，而要做出成功的样子。即使很成功也不要亮底曝光，出人意料更能使人心悦诚服。

不亮底牌，直到最后一刻。这是多么重要的处世原则啊？

公司的老板往往会对守口如瓶的人进行提升，这是非常有道理的，因为这类人是身心成熟的。

尤其在大公司中，因为人多，难免会有争权夺利、勾心斗角的事情发生。而有许多人正是善于钻营奔走、挑拨离间。每逢公司有人事上的升迁调动时，不仅流言满天飞，同事见面亦是言不由衷，尴尬万分。何以会有这种情形？当然是有人泄露了人事上的机密，于是乎加油添醋，以讹传讹，搞得人心惶惶，既破坏公司和谐，更影响士气。

一般说来，如果你是上级所赏识的人，遇到有升迁的机会时，你的上司必定会召见你，对你的工作、生活等有所垂询慰勉，此时不管你的上司是否对你有具体的承诺，你一定要守口如瓶，装得若无其事，甚至亲如太太也不要透露一点口风，你能做到这个境界，才会让别人认为你是可共大事的人。这个人事动态便是你的一张底牌。

日本前首相佐藤荣作就是一个能够严守秘密的人。当年他担任运输省次官时，吉田藏邀请他出任内阁官房长官，他按手续向运输大臣提出辞呈，只字不提自己被内定为官房长官的事，甚至对其夫人也闭口不谈。他这种性格深为吉田藏所赏识，最后终于登上首相宝座，而且到目前为止，他是日本战后在位最久的首相。

要做到严守底牌的最好办法是以静制动，或是干脆置之不理。如果说你的地位重要到能够引起人们的期待, 此种情况更是如此。即使你必须亮出真相, 也最好避免什么都和盘托出。不要让人把你里里外外一览无余, 小心谨慎是靠小心缄默来维持的。

你决心要做的事一旦披露, 就很难获得尊重, 反倒常常招致批评。如果事后结局不佳, 则你更易遭遇不幸。

另外, 切记不要抱怨诉苦。恶意中伤总是瞄准我们的痛处或软肋, 而这些人肯定是你亲近的人。一副心灰意冷的样子, 只会引得别人拿你取笑。心怀恶意的家伙总是想方设法惹你生气, 他们想尽办法来刺痛你已结痂的伤口。

聪明人应当对不怀好意的人置之不理, 并且深藏起你个人的烦恼或家庭的忧虑, 因为即使是命运女神有时也喜欢往你的痛处下手。你的那些好事或不好的事, 都应深藏不露, 以免前者烟消云散, 后者不胫而走。

一定不要和盘托出全部真情, 因为吐露真言如从心脏放血, 需要极高的技巧。并非所有真相皆可讲, 冲动是泄露的大门, 最实用的知识在于掩饰之中。亮出自己底牌的人可能会输掉人生的很多机会。

人心险恶, 世事难料。真诚固然可贵, 却不是人人都需要真诚相待。害人之心不可有, 防人之心不可无。

为人处世不能一白到底, 一味地对人热情。对人对事有时不妨冷一些, 淡一点。没有比漠视更好的报复了。平息流言, 面对傲慢, 方法之一就是黑下脸来置之不理。

1. 对不合理要求, 不妨冷漠置之

对不合理的要求, 不妨冷漠些。这类人分两种: 一种是明知不合理, 欺你软弱, 你给他一寸, 他就要求一尺; 另外一种是没有自知之明, 这种人, 你冷漠些, 他就会仔细考虑自己的要求是否恰当。

2. 对闲言碎语, 不妨当作耳边风

小刚大学刚毕业时, 充满了工作热情和交际热情, 这种热情引起了很多同事和上司的好感, 也让一些同事开始背后说闲话, 什么"真能溜"啊, 什么"八面玲珑"啊, 什么"真能显"啊。

如果我们遇到这种情况，怎么办？与对方展开舌战吗？把那些闲言碎语当成耳边风好了，只要自己能静思一下是否有这些错误，有则改之。

3. 对那些冷眼视人者，不妨冷淡些

大多数人，你对他热情，他也对你热情，你对他笑脸相迎，他也会对你满面春风。也有些人，你越是主动与之交往，他就越是拿腔拿调摆架子，对待这种人，不妨冷淡些。

冷处理在交际中的作用远不止上述几条。但要在交际实践中尝试和运用这种方法，还需要有一定的心理素养来保证。

其一，要有涵养。能采用冷处理的方法，是人们具有一定的文化、生活素养的体现，是一种文明的体现。这种涵养表现为对人力求宽容大度，不斤斤计较；设身处地为他人着想，不为泄自己一时之气愤而忘乎所以；遇事三思而行，不冒冒失失地草率从事。所有这些实际上是在激烈的矛盾冲突面前自我处理的内功，具备了这种内功，才可以化干戈为玉帛。

其二，要有忍性。"忍"是指对方气势汹汹地兴师问罪时，要有很强的忍耐性，要吃得住挑衅，要耐得住对方采用各种形式带来的刺激。《三国演义》中的司马懿在诸葛亮的戏弄面前忍得住性子，才使自己立于不败之地；周瑜正因为缺少忍性，才气得口吐鲜血。当然，这种忍只是一种策略，绝不意味着对方打左脸一个巴掌，马上把右脸转过去让他再打，那样是丧失气节。

其三，要以静待动。挑起事端的一方常常是有备而来，必须要弄清对方来意与其最薄弱的地方，然后才能确定进攻的突破口，从而一举制服对方。要采取"静"的策略，让对方出击，哪怕是狂轰滥炸也要泰然处之，待对方"三而竭"之后，针对在静中侦察到的突破口，猛击对方痛处，方可使对方败下阵去。

其四，要以守为攻。防守尽管是消极的策略，但在防守时也可以采取进攻的态势，只不过这种出击仍是建立在守的基础上的。面对情绪激动的一方，不失时机地插上一两句话，火上浇油，使对方尽情发泄；面对咄咄逼人的对方，抛出一两句切中要害的话，对对方进行火力侦察；面对锋芒毕露的对手，边应付边弄清对方来意，设计反击的方案，摸准对方的要害之后，边周旋边选择最有战斗力的"炮弹"……采取这些方针，貌似防守，其实却是在组织和酝酿成功的进攻。

　　事急则缓，欲速则不达。手中的沙子不要握得太紧，太用力则沙子会漏掉。任何事情都不要过于急功近利。

智慧 50
隐藏自己不等于埋没自己

南宋时，岳飞的部将董先奉命去迎击南侵的金兵。金兵有上万人，而岳家军则只有几千人。怎样以寡击众，以少胜多呢？董先想出一条妙计。

他首先纵兵深入，但一与金兵交锋便撤退，一日退百里，连退三日，手下的士兵越退越少。有些部将极不满意，说与其现在接连退却，还不如先前战死疆场。一直到第三天，董先眼见大家的愤慨之情已被激发起来，这才告诉大家到拼死作战的时候了。于是，全军上下齐心协力，一鼓作气反击，压迫敌人步步后退。

当溃不成军的金兵退到唐州的牛蹄、白石二地的时候，正想放下兵器吃饭，董先两天前纵兵深入时埋伏在此地的军队猛地掩杀出来，大败金军。

董先是依靠隐藏而取得胜利的，但如果没有最后的反击，他的隐藏有什么意义？

可见，隐藏自己并不等于埋没自己，不是与世无争，更不是逆来顺受任人宰割。大清朝与西方列强相比，绝对称得上是谦谦君子，也绝对锋芒内敛宽宏大量，但人家可不领这个情，不吃这一套。先是鸦片，后是炮舰，大清皇帝也不再顾虑丧权辱国有失面子，割地赔款签条约，直把大好河山弄了个支离破碎，民不聊生。

《易经》上说："君子藏器于身，待时而动。"隐藏也是如此，关键在一个"动"字上。它不是单纯地为了藏而藏，而是为了更好地表现，为了取得更大的成绩、获取更大的成功而藏的。从这个意义上说，隐藏，作为提升生命境界的技能和手段，所追求的是和生命境界相应的辉煌。

所以说，我们不仅要知道藏什么，更需要知道为了实现我们的目的怎么去藏。

"藏"是手段，不是目的，是为了更好地表现，是为了取得更大的成功。

有一条大河，河水波浪翻滚。河上有一座独木桥，桥很窄，仅用一根圆木搭成。

有一天，两只小山羊分别从河两岸走上桥，到了桥中间两只山羊相遇了。但因桥面太窄，谁也无法通过，而这两只山羊谁也不肯退让。结果，两只山羊在桥上用角顶撞起来。双方互不示弱，拼死相抵，最终双双跌落桥下，被河水吞没了。

这则寓言很简单，但蕴含着深刻的道理：在狭窄的路口，不妨让别人先行，自己退让一步。表面看来，自己吃亏，但实际上，如果彼此都不相让，势必会两败俱伤，倒不如稍作退让，免去麻烦。

人毕竟是羔羊所不能比拟的，于是有人说："人情反复，世路崎岖。行去不远，须知退一步之法，行去远，务加让三分之功。"确实，这种做法明为退，实为进，是一种比较圆熟的做法。一条道路本就狭窄，拥挤时更是无处下脚，若是自己退一步让人先走，那么自己也就相当于有了两步的余地，可以轻松走路。两相对照，自然是应选择有利于自己的做法。

有一位留美的计算机博士，毕业后在美国找工作，结果好多家公司都不录用他，思来想去，他决定收起所有的学位证明，以一个普通身份去求职。

不久他就被一家公司录用为程序输入员。这对他来说简直是"高射炮打蚊子"，但他仍干得一丝不苟。不久，老板发现他能看出程序中的错误，绝不是一般的程序输入员。这时他亮出学士证，老板就给他换了个更高级的职位。

过了一段时间，老板发现他时常能提出许多独到的有价值的建议，远比一般的大学生要高明，这时，他又亮出了硕士证，老板见后又提升了他。

再过了一段时间，老板觉得他还是与别人不一样，就对他"质询"，此时他才拿出了博士证。此时，老板对他的水平已有了全面的认识，毫不犹豫地重用了他。

人不怕被别人看低，怕的恰恰是人家把你看高了。看低了，你可以寻找机会全面地展现自己的才华，让别人一次又一次地对你"刮目相看"，你的形象会渐渐地高大起来。可被人看高了，刚开始让人觉得你多么的了不起，对你寄予了种种厚望，可你随后的表现让人一次又一次地失望，结果是越来越被人看不起。

曾国藩练兵时，每天午饭后总是邀幕僚们下围棋。一天，忽然有一个人向他告密，说某统领要叛变了。告密人就是这个统领的部下。曾国藩大怒，立即命令手下将告密者杀了示众。一会儿，被告密要叛变的统领前来给曾国藩谢恩。曾国藩脸色一变，阴沉着脸，命令左右马上将统领捆绑拿下。

幕僚们都不知为什么，曾国藩笑着说："这就不是你们所能明白的了。"说罢，命令把统领斩首了。他又对幕僚们说："告密者说的是真实的，我如果不杀他，这位统领知道自己被告发了，势必立刻叛变。我杀了告密的人，就把统领骗来了。"

日本的前围棋高手高小秀格，曾以"流水不争先"为座右铭。他在和别人对弈时，常把阵式布置得如同缓缓的流水一样悠闲散漫，让对手掉以轻心，丝毫不加戒备。但一发动自己的阵势却能在瞬间聚集流水中所蕴藏着的无限能量，使对手在惊慌失措中迅速被击溃，投子认输。

这种"明修栈道、暗度陈仓"的做法，无论是在战场、官场还是商海中都屡见不鲜，而且往往能够出奇制胜，收到奇效。

钓过螃蟹的人或许都知道，篓中放了一群螃蟹，不必盖上盖子，螃蟹是爬不出去的，因为只要有一只想往上爬，其他螃蟹便会纷纷攀附在它的身上，结果是把它拉下来，没有一只出得去。

动物界如此，人间又何尝不是呢？如果你下决心要做一件事，是不是要让别人知道呢？亲友要是知道了，会把他们的经验、想法甚至是想象的东西统统讲给你，让你无法分辨、无所适从。"小马过河"就是一个最贴切的例子。你的对手或者敌人要是知道了，更会千方百计地给你出难题设障碍，即使最终你的目的达到了，也是疲累欲死，满身伤痕。

所以说，人活着，学会隐藏自己的意图非常重要。一方面，它可以使你始终保持清醒的头脑，避免失误；另一方面也可以借此迷惑你的对手和敌人，减少干扰，等到他们惊觉时，你早已是一骑绝尘，他们也只有望而兴叹的份了。

智慧 51
控制好自己的情绪

要想把握自己，你必须控制你的思想，你必须对思想中产生的各种情绪保持警觉性，并且视其对心态的影响而接受或拒绝。乐观会增强你的信心和弹性，而仇恨会使你失去宽容和正义感。如果你无法控制自己情绪，你的一生将会因为不时的情绪冲动而受害。

只从维护情感主体的自尊和利益出发，不对事物做复杂、深远和智谋的考虑，往往产生各种情绪，这样常使自己处在很不利的位置上或为他人所利用。本来，情感与智谋就已是对立的，情绪更是情感最表面、最浮躁的部分，以情绪做事，焉有理智的？不理智，能有胜算吗？

但是，我们在工作、学习、待人接物中，却常常依从情绪的摆布，头脑一发热（情绪上来了），什么蠢事都愿意做，什么蠢事都做得出来。比如，因一句无甚利害的话，我们便可能与人打斗，甚至拼命（诗人莱蒙托夫、普希金与人决斗死亡，便是此类）；又如，我们因别人给我们的一点假仁假义，而心肠顿软，犯根本性的错误（西楚霸王项羽在鸿门宴上耳软、心软，以致放走死敌刘邦，最终痛失天下，便是这种妇人心肠的情绪所为）；还可以举出很多因情绪的浮躁、不理智等而犯的过错，大则失国失天下，小则误人误己误事。事后冷静下来，自己也会感到其实可以不必那样。这都是因为情绪的躁动和亢奋，蒙蔽了人的心智。

楚汉之争时，项羽将刘邦父亲五花大绑陈于阵前，并扬言要将刘公剁成肉泥，煮成肉羹而食。项羽意在以亲情刺激刘邦，让刘邦在父子情、天伦压力下，自缚投降。刘邦很聪明，没有为情所蒙蔽，他战胜了儿女私情，他的理智战胜了一时心绪，反以项羽曾和自己结为兄弟之由，认定己父就是项父，如果项某愿杀其父，剁成肉羹，他愿分享一杯。刘邦的心境和举动，是项羽意想不到的，以致无策回应，只能潦草收回此招。

三国时，诸葛亮和司马懿祁山交战，诸葛亮千里劳师欲速战速决。司马懿却以逸待劳，坚壁不出，欲空耗诸葛亮士气，然后伺机求胜。诸葛亮面对司马懿的闭门不战，无计可施，最后想出一招，送一套女装给司马懿，羞辱他如果不战小女子是也。古人很重视自尊，尤其是军旅之中。如果是常人，定会接受不了此种羞辱。司马懿则落落大方地接受了女儿装，情绪并无影响，还是坚壁不出。连老谋深算的诸葛亮也对他几乎无计可施了。

这些都是战胜了自己情绪的例子。生活中，更多是成为情绪俘虏的。诸葛亮七擒七纵孟获之战中，孟获便是一个深为情绪役使的人，他之不能胜于诸葛亮，非命也，实人力和心智不及也。诸葛亮大军压境，孟获弹丸之王，不思智谋应对，反以帝王自居，小视外敌，结果一战即败，完全不是对手。孟获一战既败，应该坐下慎思，再出敌招，却自认一时晦气，再战必胜。再战，当然又是一败涂地。如此几番，把个孟获气得浑身颤抖。又一次对阵，只见诸葛亮远远地坐着，摇着羽毛扇，身边并无军士战将，只有些文臣谋士。孟获不及深想，便纵马飞身上前，欲直取诸葛亮首级。可想，诸葛亮已将孟获气成什么样子了，也可想孟获已被一己情绪折腾成什么样子了。结果，诸葛亮的首级并非轻易可取，身前有个陷马坑，孟获眼看将及诸葛亮时，却连人带马坠入陷阱之中，又被诸葛亮生擒。孟获败给诸葛亮，除去其他各种原因，孟获生性爽直、为情绪蒙蔽，也是一个重要的因素。

情绪误人误事，不胜枚举。一般心性敏感的人，头脑简单的人，年轻的人，爱受情绪支配，头脑容易发热。问一问你自己，你爱头脑发热吗？你爱情绪冲动吗？检查一下你自己曾经因此做过哪些错事，以警示自己。

如果你正在努力控制情绪的话，可准备一张图表，写下你每天体验并且控制情绪的次数，这种方法可使你了解情绪发作的频繁性和它的力量。一旦你发现刺激情绪的因素时，便可采取行动除掉这些因素，或把它们找出来充分利用。

将你追求成功的欲望，转变成一股强烈的执着意念，并且着手实现你的明确目标,这是使你具备情绪控制能力的两个基本要件,这两个基本要件之间,具有相辅相成的关系,而其中一个要件获得进展时,另一要件也会有所进展。

《三国演义》中有一段"曹操煮酒论英雄"的故事。

当时刘备落难投靠曹操,曹操很真诚地接待了刘备。刘备住在许都,为防曹操谋害,就在后园种菜,亲自浇灌,以此使曹操放松对自己的注意。一日,曹操约刘备入座饮酒,论起天下谁为当世之英雄。刘备点遍数人,均被曹操一一贬低。曹操提了英雄的标准——胸怀大志,腹有良策,有包藏宇宙之机,吞吐天地之志。刘备问:"谁人当之?"曹操说:"只有刘备与我才是。"

刘备本以韬晦之计栖身许都,被曹操点破是英雄后,竟吓得把筷子也丢落在地上。恰好当时大雨将到,雷声大作。刘备则从容俯身拣起筷子,并说:"哎呀,这一声震雷,吓了我一跳?"巧妙地将自己的惶恐掩饰过去。从而也避免了一场劫数,堪称英明之举。

喜怒哀乐是人最基本的情绪,人们也在当中暴露自己的弱点。如果喜怒哀乐表达失当,有时还会招来无端的横祸,因此,我们在为人处世的时候,切记要时时克制自己,把喜怒哀乐隐藏起来。

没有喜怒哀乐的人并不存在,他们只是不把喜怒哀乐表现在脸上罢了。而在人性中,这一点是很重要的。要把喜怒哀乐藏在暗处,不轻易拿出来给别人看。

这究竟是为什么呢?

人为了生存,会采取各种方法和行动来增强实力、分享利益、打击对手。而任何人,只要在社会上锻炼过一段时间,便多多少少练就察言观色的本领,他们会根据对方的喜怒哀乐来调整相处的方式,并进而顺着对方的喜怒哀乐来为自己谋取利益。可是谋取利益的另一面,有时却是对对方的伤害;就算不是伤害,对方也在不知不觉中,情绪受到你的影响。

比如一听到别人奉承就面有喜色的人,有心者便会通过奉承来接近他们,向他们提出要求,甚至向他们进行软性的索取;一听到某类言语就愤怒的人,有心者便会故意制造这样的言语,来激怒对方,让他们在盛怒之下丧失理性,失去风度；一听到某类悲惨的事，或对方遭到什么委屈，就哀感满胸，甚至伤心落泪的人，有心者了解他们内心的脆弱面，便会以种种手段来博取对方的同情心，或是故意打击对方情感的脆弱处，以达到目的；一个易因某事就"乐不可支"的人，有心者便可能提供可"乐"之事，来迷惑对方，达到自己的目的。

说起来，连喜怒哀乐都不能随意表达，这种人生没太大意思。因此，人没有必要做一个喜怒哀乐见不着痕迹的人，但把喜怒哀乐放在暗处还是有好处的。

这样做的好处共有两点：

第一，把喜怒哀乐由情绪中抽离出去，我们便可以理性、冷静地看待事物，思索它对我们的意义，并进而训练自己对喜怒哀乐的控制能力，做到该喜则喜，不该喜则绝对不喜。

第二，把喜怒哀乐放在心里，不随便表现这些情绪，可避免他人窥破自己的弱点，给人以可乘之机。

孔子年轻的时候，曾经受教于老子。当时老子曾对他说："良贾深藏若虚，君子盛德，容貌若愚。"即善于做生意的商人，总是隐藏其宝货，不令人轻易见之；而君子品德高尚，而容貌却显得愚笨。其深意是告诫人们，收敛自己，是对自己最好的保护了。

一个人不应该将他心境里的宁静寄托在外面的事物上，应当尽可能地把主轴握在自己手中，轻易不容许自己感到喜悦与悲伤。

智慧 52
"藏术"的经典应用

"藏术"主要是进退、取舍、强弱之间尺度的把握,具体的经典应用如下:

谦而不争的智慧

丙吉是西汉鲁国人。他自幼学习律令,曾任鲁国狱吏,因有功绩,被提拔到朝中任廷尉右监,后来调到长安任狱吏。宣帝即位后任御史大夫、丞相等职。

汉武帝末年,发生了"巫蛊之祸",祸及卫太子。汉武帝在盛怒之下命人追查卫太子全家及其党羽。卫太子被迫自杀,全家被抄斩,长安城有几万人受到株连。当时,后来成了汉宣帝的病已刚生下来几个月,也因卫太子的事被牵连入狱。丙吉奉诏令检查监狱时,发现了这个小皇曾孙。丙吉知道卫太子被害并无事实根据,因此,对皇曾孙的遭遇很是同情。丙吉暗中让两个比较宽厚谨慎,又有奶的女犯人轮流喂养这个婴儿,每天亲自去检查喂养情况,不准任何人虐待这个孩子。若是没有丙吉的关怀爱护,可怜的皇曾孙或许早就死在狱中了。

后元二年,汉武帝生病,有一个会看天象的人说:"我们看到长安监狱的上空有天子贵人之气。"汉武帝便下令将监狱里的囚犯统统杀掉,并派郭穰连夜来到监狱。丙吉得知后立即关闭监狱门,不准郭穰进去,还说:"监狱里面是有一个无辜而又可怜的皇曾孙,无缘无故地杀死普通的人都不应该,何况这个孩子是皇帝的亲曾孙啊?"说完,丙吉就坐在监狱门口,双方一直僵持到天明。郭穰进不了监狱,便回去向汉武帝告丙吉的状。汉武帝听了禀报后,有所醒悟并说:"这大概也是天命吧!"于是下令把监狱里关的死囚一律免去死罪,皇曾孙得以保全下来,但是皇曾孙体弱多病,在一次大病痊愈后，丙吉给皇曾孙起名叫"病已"，意思是病已全好了，再也不会得病了。

丙吉知道把皇曾孙长期放在长安监狱中总不是办法，他听说有个叫史良娣的人忠厚可靠，就驾车把皇曾孙送到她家抚养。汉昭帝继位后不久就死了，昭帝无子，造成了无继承王位之人的局面。大将军霍光与车骑将军张安世便商议如何立新帝。丙吉此时任大将军府长史、光禄大夫、给事中等职务。他对霍光说："如今国家百姓的性命就掌握在将军手中了。皇曾孙病已寄养在民间，现年已十八九岁了。他通晓经学儒术及治国之道，平日行为谨慎，举止谦和，是理想的继承人。希望将军明大义，参考占卜的结果，先让他入宫侍奉太后，待天下人明白真相后，再决定大策，辅立即位，这是天下人的大幸啊！"霍光采纳了丙吉的奏议，辅佐皇曾孙登基，这就是汉宣帝。汉宣帝即位后，封丙吉为关内侯。

丙吉为人深沉忠厚，从不炫耀自己的长处和功劳。丙吉对病已在危难之中有养育呵护的大恩大德，却绝口不谈自己的护驾之功，因此，汉宣帝根本就不知道丙吉对自己有如此大的恩德，朝中也没有人知道丙吉的事，丙吉却依然毫无怨言地为国事尽心尽力。等到霍氏被诛灭，宣帝亲政，并亲自过问尚书省的事情。但是，出乎意外的是，一位名叫则的宫婢说她曾经有保护养育皇帝的功劳。汉宣帝诏令官员查问此事，宫婢就说："此事的详情丙吉都知道。"丙吉认识这个宫婢，她根本就不是喂养过皇帝的乳母。丙吉指着宫婢说："是曾经让你照顾这皇曾孙，但是你不尽心喂养，还有什么功劳好讲的。只有渭城的胡组、淮阳的郭征卿才是对皇帝有恩的人。"这样汉宣帝才恍然大悟，知道丙吉是自己在大难之际的救命恩人。汉宣帝立即召见丙吉，称赞他有如此大的功德，平日却只字不提，真是难得的贤臣。于是下令封丙吉为博阳侯，升任丞相。

临到受封时，丙吉正好病重，不能起床。皇帝就让人把封印纽佩带在丙吉身上，表示封爵。但是，丙吉依然是那样的谦恭礼让，一再辞谢。当他病好后，正式上书辞谢对他的赏赐，谦虚地说："我不能无功受禄，虚名受赏。"汉宣帝感动地说："我对你进行封赏，是因为你对朝廷确实立有大功，而不是虚名。可是你却上书辞谢，我要是同意了你的辞谢，就显得我是一个知恩不报的人了。现在天下太平，没有太多的事，你尽管安心养病，少操劳，只要你把身体保养好了，其他一切事你就放心好了。"就这样丙吉才不得不接受封赏，从此，为朝廷更加尽忠尽职。

常言道："救人一命，胜造七级浮屠。"在腥风血雨中，丙吉冒着生命危险，不但救了皇曾孙的命，将他抚养长大，而且辅佐他登上皇帝的宝座，此恩可谓深似海，此德可谓比天高。但是丙吉却绝口不提。这既说明了他有高尚的品德，也表现出了他深沉的处世智谋。

因为，从处世的智谋说，大恩不言谢，是一种避祸自保的韬晦之计。侯门似海，君心难测，皇帝对臣下的要求，历来是只准你出力，不准你邀功。丙吉对此是不会不知道的。

此外，在现实生活中，谦而不争，可以赢得他人的敬佩。而在领导看来，对一个稳妥的下属，也会比较信任和器重。

躬身待人的智慧

齐桓公是春秋初期齐国国君，军事统帅。姜姓，名小白。

春秋时，齐国的国君有两个儿子：一个叫纠，一个叫小白。齐桓公就是后者——公子小白。当时，管仲跟随公子纠，而他的朋友鲍叔牙则跟随公子小白。当齐国发生内乱时，纠与小白分别逃到邻国。后来，齐襄公被杀，公子小白率鲍叔牙等人，公子纠率管仲等人，分别向齐国进发，争夺王位。两股队伍在山东路上相遇。管仲为把公子纠扶上王位，对准公子小白射了一箭，而且正好射中。管仲等人都以为公子小白已死，便带着公子纠慢悠悠地向齐国前进。然而，公子小白并没有死，那一箭只射在了衣钩上。他带领人马加紧前进步伐，抢先回到了齐国，于是登上了王位，当上了齐国的国君，他就是历史上有名的齐桓公。

齐桓公为了感谢鲍叔牙，决定任用鲍叔牙为相，并下令捉拿杀死管仲。鲍叔牙却推荐自己的好朋友管仲为相，自己情愿当副手。齐桓公很是想不通，但鲍叔牙却说："那时我与管仲都是各为其主，管仲在射您的时候，他心中只有公子纠。我们二人相比，管仲要强我千万倍。如果您想富国强兵，成就霸业，非得用管仲为相不可。您要是重用他，他将为您射得天下，哪里只射得衣带钩呢？"于是，齐桓公便不计前嫌谦恭地拜管仲为相。

齐国在今山东省的北部，是东方一个大国。它地处海滨，拥有丰富的渔盐和矿藏，从太公开始，就"通商工之业，便渔盐之利"，到了春秋年间，农业、手工业，特别是冶铸、纺织取得了迅速的发展。管仲被拜为相后，他心里万分感激，衷心效主，对内积极地推行一系列富国强兵之策，实行经济、政治、军事诸多方面的整顿改革，使齐国国力骤增；对外打着"尊王攘夷"的口号，组织齐、鲁等八国，讨伐不向周王进贡的蔡、楚两国，另一方面又帮助燕、卫等国反击少数民族的进攻，终于使齐国成为众诸侯国的领袖，齐国也由乱而治，称雄于诸侯，并使齐桓公成为春秋五霸之一。

除了齐桓公谦恭得管仲外，齐桓公还礼待下士，深得人心，为他的霸业奠定了坚实的基础。《吕氏春秋·下贤》中记载了这样一个故事。

有一次为请教霸业之事，齐桓公去拜见小臣稷，他一日之内去稷那拜访了三次，都没有能见到稷，跟随齐桓公的侍从们都不耐烦了。侍从们说道："尊敬的万乘之君，您去见这么一个小小的官吏，一天之内来了三趟都还没见到，就此作罢，别再去了吧。"齐桓公回答道："那怎么能行？蔑视权贵的臣子，固然会轻视他的主人；而蔑视霸业的主人也会轻视他的臣子。纵然你蔑视权贵，我哪敢轻视霸业呢？"侍从们听后都暗自佩服齐桓公的宽阔胸襟和谦恭待士的高贵品格，不再多说什么了。

于是，齐桓公锲而不舍连续五次拜访后最终见到了稷，虚心向他请教霸业的事情。稷得知齐桓公已五次来访的事后，很受感动，与齐桓公促膝长谈。齐桓公受益匪浅。这件事很快就传为了佳话。大家都说："桓公能礼贤下士，何愁国家不兴？"于是，众士归之。桓公之所以九合诸侯，一匡天下者，遇士于是也。诗云："有觉德行，四国顺之。"齐桓公就是最好的例子。

躬身待人，是对人的尊重，而敬人者人恒敬之，人与人之间的关系往往就是如此。有大才之士不会屈膝求人，居高位的人要向他请教，就要恭身以待，他才会因为感激而尽力相助。齐桓公身为一国之君主，为求教霸业，不计身份五次拜见布衣之士，不厌其烦，最终得见。足见其实现称雄诸侯的气魄，也见礼贤下士、谦恭待士的心胸气度。

即便你有雄才大略、足智多谋，但一个人的力量往往是单薄的。"众人拾柴火焰高""三个臭皮匠顶个诸葛亮"，身居高位的人要有礼贤下士的胸怀，谦恭地对待属下，集众人的力量为己所用，以实现自己的既定目标。在一个团队中，领导者特别要注意运用这种智谋。

明哲保身的智慧

王翦是秦代杰出的军事家，是继白起之后秦国的又一位名将，与其子王贲在辅助秦始皇统一六国的战争中立有大功，除韩之外，其余五国均为王翦父子所灭。

战国末年，秦王嬴政灭亡了韩、赵、魏三国，赶跑了燕王，多次击败楚军。秦王政准备一鼓作气，吞并楚国，继续统一中国的大业。为此，他召集文臣武将商议灭楚战争。

青年将领李信，在攻打燕国时，曾以少胜多，逼得燕王姬喜走投无路，只好杀了专与秦王作对的太子姬丹，向秦王谢罪求和。秦王认为李信忠勇贤能，很是赏识他。所以，他首先问李信："李将军，你看吞并楚国需要多少人马呢？"李信年轻气盛，不假思索地回答："二十万人足够了！"秦王暗暗称赞李信果然是少年英雄。秦王又把目光转向老将王翦，问道："王将军，您的意见呢？"久经沙场的老将王翦，已经觉察出秦王对李信意见的认同，神色凝重地面对秦王，回答说："灭楚，非六十万大军不可。"秦王听了，冷冷地说："哼，哼，看来，王将军果真是老了，为什么这么胆怯呢？还是李将军有魄力，我看他的意见是对的。"于是，秦王就派李信和蒙恬率领二十万大军南下攻楚。王翦因为自己的意见没有被秦王采纳，就托病辞官，归老家频阳养老。这时的秦军在李信的率领下攻平舆，蒙恬攻寝丘，大破楚军。李信又乘胜攻鄢、郢，均破之。于是引兵向西与蒙恬军会师城父。谁知项燕率领的楚军乘机积蓄力量，楚军趁势尾随追击秦军，三天三夜马不停蹄，攻入秦军的两个壁垒，杀死七名都尉，李信的部队大败而归。

秦王闻秦军失败，非常生气。他终于知道王翦的确有远见，因此，立即将李信查办革职。然后，亲自飞马前往频阳，请老将王翦出马，统帅灭楚大军。秦王向王翦道歉，说："由于寡人没有听从将军的意见，轻信李信，终使秦军受辱，误了国家大事。现在楚军天天西进。将军虽有病在身，怎能忍心背弃寡人？务请将军抱病上阵，出任灭楚大军的统帅。"王翦推辞道："老臣体弱多病，脑筋糊涂，希望大王另选良将。"秦王嬴政恳求道："好了，老将军就不要再推辞了。"王翦说："如果大王一定要任用我为灭楚大军的统帅，那就非六十万人马不可。"秦王连忙说："我完全按照老将军的意见办。"

随后，王翦率领六十万大军出发攻楚，六十万人马，几乎是秦国的全部军力。王翦统帅六十万军队，等于完全掌握了秦国的兵权，秦王嬴政当然不会完全放心。大军出征那天，秦王亲自率领文武百官送行到灞上。王翦深知秦王嬴政为人多疑，因此，喝了饯行酒后，便请求秦王赐给他一大批良田、住宅和园林。秦王听了，笑道："老将军放心地去作战吧。你是寡人的肱股之臣，我富有四海，你还用得着担心贫穷吗？"王翦说："大王废除了裂土分封制度，臣等身为大王的将领，虽立战功却终不得封侯。所以只得趁着大王还相信我的时候，请求多恩赐些良田、住宅、园林，作为留给儿孙们的产业。"秦王笑着答应了。

王翦到达函谷关后，先后五次派使者回朝廷，请求恩赐良田、住宅、园林。有的部将对王翦的做法不理解，问王翦说："老将军这样不厌其烦地请求赏赐，不是太过分了吗？"王翦说："不，我这样做，是为了解除后顾之忧。秦王的为人你们不是不知道，他粗暴又对人不轻易相信。为了灭楚，他如今把六十万大军全部交给我指挥，心里不会不对我产生疑虑。我只有以多请求田宅作为子孙基业的方法来打消秦王对我的怀疑，使他不再怀疑我军权在握会威胁到他的王位。"

秦王果然因此而相信王翦，放手让他统军对楚作战，不到一年的时间就吞并了楚国。王翦功著而晋封武成侯。

大凡有心计的政治家都知道，释疑避谗必须讲究艺术，而不能直来直去。在事业上，老黄牛的实干精神是必要的，但不能只埋头拉车，不抬头看路。只有时刻提防来自四面八方的谗言，消除来自顶头上司的疑忌，才能保证劳而有功。这也是一种与上司相处的智谋。

高出立身的智慧

班超是东汉著名的军事家和外交家。他外表虽不修边幅，却自小胸怀大志，希望干一番大事业。在家的时候，他脏活累活都抢着干，照顾母亲，打理家务，从不觉得辛苦。他从小勤奋好学，博览群书，能言善辩。对问题分析透彻清晰，并能权衡轻重。明帝永平五年，班超的兄长班固被召入朝任校书郎，班超和母亲也跟着迁居洛阳。因为家境十分贫寒，他经常到官府担任抄写文书以维持生计，奉养自己的母亲。

班超在官府帮忙抄写文书，认真细致。这一天，班超早早来到官府的办公地。收拾打理好一切后，就开始伏案抄写文书。他一字一句地分析，每个问题都要斟酌再三。突然，他被所抄的一段内容所触动，猛然顿悟，不禁丢下笔站起身来，透过窗户，面向远方感叹道："堂堂三尺男儿大丈夫应该有宏伟的志向，就算是没有更高的志气和胆略，也应当像傅介子、张骞一样，到国外去建功立业，博取功名，又怎么能长期坐在这里，老是从事笔墨工作，虚度了大好时光呢！"

一起抄书的几个人听到班超的这番话以后，都纷纷报以讥笑。有的人对他蔑视地说："就凭兄台你现在的境况，还想去建功立业啊？安分点！老老实实在这抄抄书混口饭吃吧，别做白日梦了。"也有人嘲笑道："贫贱之人还想登什么大雅之堂，为国君开疆拓土！建功立业你这样的人有资格谈吗？快省省吧！继续抄吧！待会交文书了！"接着便是阵阵哄笑声。

班超听了他们的这些话，厉声说道："你们这些庸碌小人怎能会理解壮士的胸怀与志向啊！古人有'燕雀安知鸿鹄之志'的豪言壮语，吾辈为何不能高一步立身，胸怀大志，为国贡献自己的力量效忠呢？"

过了一段时间，明帝问班固："你的弟弟现在在做什么呢？"班固说："为官抄写文书，领取薪俸来照顾母亲。"明帝于是任命班超为兰台令史，掌管奏章和文书。凭此从高立身的意识，班超日后投笔从戎，并通过一番努力，终成长为东汉著名的军事家、外交家，有了施展抱负的机会。

永平十六年，班超跟随窦固击退北匈奴后，奉命率吏士三十六人赴西域，巩固了汉在西域的统治。建初三年，他率疏勒、于阗等国兵大败姑墨的侵犯，又上疏请兵，欲平定西域。从章和元年到和帝永元六年，班超陆续平定莎车、龟兹、姑墨、焉耆等国，西域遂平。班超任西域都护，封定远侯。班超在西域活动长达31年之久，平定内乱，外御强敌，为西域的安全以及丝绸之路的畅通做出了卓越的功绩。

纵观古今中外任何领域的名人，无一不是立大志而成大业的。高一步立身就能够强化自己对社会的责任感，更严格地要求自己，充实自己，促使自己为人民的事业、国家的利益去拼搏。

立身不高一步，如尘里振衣、泥里灌足，如何超达？洪应明以疑问的语气，肯定了为人处世应立大志、立高志，唯有比别人高一步立身，才可以超越眼前事物所带给人的那些局限，否则，就如在尘土飞扬之时晒衣服，在泥泞中洗脚，展开的只能是一团糟的人生。反观历史与现实，常常可以看到，成功者与失败者，往往仅是一步之遥、一分之差。高一步立身，高一步的追求，往往就能使一个人成为生活中的强者、竞争中的赢家。

趋势避祸的智慧

萧何是中国历史上著名的丞相，汉初"三杰"之一，沛县丰邑人。他不论是在战争期间，还是在汉初恢复时期，都表现出了中国古代杰出政治家的风度和治国才能，几千年来都被人们所称颂。

汉高祖十一年，陈稀谋反，刘邦亲自率兵出征，到了邯郸，还没等罢兵，淮阴侯韩信谋反关中，吕后采用萧何的计谋，诛杀了韩信。刘邦听说韩信被诛杀后，便派使者来拜萧何为相国，同时加封五千户，并派了五百名士兵和一名都尉作为萧何的侍卫队。当天，一些官员前来祝贺，萧何在府中摆酒款待他们，喜气洋洋的。突然有一个名叫召平的人，穿着白衣白鞋，进来吊丧。萧何见状大怒。召平却不慌不忙地对萧何说："相国，我是来给您提醒的，您的大祸就要临头了。"萧何大惊，忙问："我又没有犯什么过错，怎会有什么大祸？相反，当今皇上还对我恩宠有加，你难道不知道皇上对我的赏赐吗？"这人说："我当然知道，可是，你仔细想一下，您现在身为相国，功列第一，还能有比这更高的封赏吗？况且您一入关就深得百姓的爱戴，到现在已经十多年了，百姓都拥护您，您还在想尽办法为民办事，以此安抚百姓。皇上在外风餐露宿，而您长年留守在京城，并没有冒被弓箭射中的危险，却加官晋爵，添置卫队，这并不是宠爱你。韩信起兵谋反，刚刚被镇压下去，皇上对您的衷心也产生了怀疑，皇上赏赐你，不是为了奖赏你的功劳，而是为了试探你。希望您不要接受皇上的封赏，并且把全部家产献出来用以资助军队。这样才能消除皇上对您的疑心。"萧何听从了他的建议，刘邦见萧何如此谦逊，非常高兴。

同年秋天，鲸布谋反，汉高祖又率兵出征，但是他身在前方，每次萧何派人输送军粮到前方时，刘邦都要问："萧相国在长安做什么？"使者回答，萧相国爱民如子，除办军需以外，无非是做些安抚、体恤百姓的事，就像皇上从前讨伐叛子陈稀时所做的那样。刘邦听后默不作声。使者回来后告诉萧何，萧何也没有识破刘邦的用心。

有一次，萧何偶然和一个门客谈到这件事，这个门客忙说："这样看来您不久就要被满门抄斩了。丞相，您想想，现在皇上在外带兵打仗，他之所以几次问您的起居动向，就是害怕您借关中的民望而有什么不轨行动啊！如今您何不贱价强买民间田宅，发放一些低利息的贷款以玷污自己的声誉，故意让百姓骂您、怨恨您，制造些坏名声。这样皇上一看您不得民心了，才会对您放心。"萧何长叹一声，说："我怎么能去剥削百姓，做贪官污吏呢？"

门客说："您真是对别人明白，对自己糊涂啊！"萧何又何尝不知道这个道理，为了消除刘邦对他的疑忌，只得故意做些侵夺民间财物的坏事来自毁名节。不多久，就有人将萧何的所作所为密报给刘邦。刘邦听了，像没有这回事一样，并不查问。当刘邦从前线撤军回来，百姓拦路上书，说相国强夺、贱买民间田宅，价值数千万。刘邦回长安以后，萧何去见他时，刘邦笑着把百姓的上书交给萧何，意味深长地说："你身为相国，竟然也和百姓争利！你就是这样'利民'的吗？自己向百姓谢罪去吧！"

刘邦表面上让萧何自己向百姓认错，补偿田价，内心里却窃喜，对萧何的怀疑也逐渐消失。

辩证法告诉我们：矛盾是推动事物发展的动力，矛盾的双方既相互依赖又在一定条件下相互转化。要善于看到祸福间的相互转换，并采取相应的对策，使事情向有利于自己的方向发展。

"福兮祸之所伏，祸兮福之所倚。"福来之时不必过喜，恰如其分地承受；祸来之时也不必沮丧，及时适当地自救。注意看透它们所有或即将有的过渡，推动事情向有利于社会大众，有利于自己的方向发展。

慎言慎语的智慧

贺若弼，字辅伯，河南洛阳人。父亲贺敦是周朝的一名大将，因武功卓著而闻名，立有大功，因为对朝廷赏赐不公心怀不满，便口出狂言，结果被权臣宇文护逼令自杀。临死之前，他把儿子贺若弼叫到跟前对他说："我决心要平定江南，但是这个想法没有成功，你要实现我的这一志向。我因为口舌之祸而遭诛杀，你今后说话不可以不加考虑。"为此，他拿起锥子把贺若弼的舌头刺出了血，以此来告诫他今后说话要慎重。

贺若弼年轻的时候慷慨、正直，胸有大志，矫健勇敢，精熟骑马射箭，能写文章，博览书史，在当时很有名望。北周齐王宇文宪听到这些，非常敬重他，召他做自己的参军。不久，又封他为当亭县公，升任王国内史。后来他成为隋朝的要官。

刚开始的时候贺若弼还能记住他父亲的话，经常以"君不密则失臣，臣不密则失身"来提醒自己，遇事三缄其口。可随着他在隋朝功劳日大，地位日高，便把父亲的告诫忘到脑后去了。同父亲一样，他也因对朝廷封官不满而大发牢骚，被免去了官职；他不接受教训，反而怨言更多，于是被逮捕下狱，隋文帝斥责他道："我用高颖、杨素为宰，你在下面说这两个人只配吃干饭，这是什么意思？"

有人因此奏请将他处死，文帝因他立有大功，免他一死，但一针见血地向他指出："你有三犯：嫉妒心太强；自以为是，看不起别人；目无君主。"

这的确是贺若弼的致命要害，同僚有功他妒忌，同僚升官他不服气。有一次，皇太子杨广同他谈起朝中几位杰出将领，问他："杨素、韩擒虎、史万岁三个人都是良将，他们的优劣如何？"贺若弼口无遮拦，毫无顾忌地回答："杨素是员猛将，但没有谋略；韩擒虎是员战将，但不会带兵；史万岁是员骁将，别的本领平常。"

杨广问："那么谁可以称之为大将呢？"

贺若弼深深一拜说："这就要看殿下的眼光了。"

他自以为比别人都高明，贬低一切，殊不知这样一来，既得罪了同僚，又引起了杨广的戒心。后来杨广当了皇帝（即隋炀帝），对他便十分疏远。

最为致命的要害还是最后一个：目无君主。在隋文帝平定江南的战役将要开始时，他便对人说："江南倒是不难平，可谁知道将来会不会出现'飞鸟尽，良弓藏'之事呢？"明显地表示了对隋文帝的不信任。

还有一年，他随从隋炀帝出巡北方，在榆林，好大喜功的隋炀帝设置了一个可坐千人的大帐，来招待少数民族首领。这事其实和贺若弼毫无关系，他又在私下里评头品足，乱发议论，说皇帝太奢侈。这事被人告发，他被处以死刑，重蹈了父亲的覆辙。

当今世道，极为复杂，没有机智权变的能力极难应付，而趋利避害又是人的本能。这就要求我们要明察秋毫，耳听四方，深思熟虑。正如在职场面试时，只有随机应变，相时而"言"，才可以立于不败之地。

智慧 53
仰不愧天，俯不怍地

人心向善。良心是一个人的做人底线，丢什么也不能丢了良心。丢掉了这根"底线"，就必然会把自己送入失败的人生"黑洞"，为天下人所不齿。

孟子说："仰不愧于天，俯不怍于地。"意思就是，为人处世不能愧对天地，愧对自己的良心，做人必须光明磊落，问心无愧。

孟子在其一生中，都强调要做个"大丈夫"，要养"浩然之气"，要"富贵不能淫，贫贱不能移，威武不能屈"，这也是一种可贵的良心。简而言之，良心就是一个人注重自己的修养，养成只做善事，不为恶行的心态。拥有了这样的心态，就会像孟子那样，浑身都闪耀着大丈夫的浩然正气；就会知恩图报，见义勇为，助人为乐，爱岗敬业；就会把自己的利益置于相对次要的位置，成为一个真正问心无愧的人。无论时代如何变迁，做人的良心是不应该缺失的，热情而不冷漠，人世间就会少许多的悲剧。

2005 年 1 月 28 日上午，格尔木市火车站的站台检测人员在站台西北侧的一个角落里发现了一名流浪产妇，当时她用单薄的身躯紧紧抱着刚刚生下不久的婴儿。然而，围观者当时没有一人伸出援助之手。10 时左右，车站女职工张西娟在打水路上听到了站台发现产妇的事情，就急忙赶过去察看。只见在站台两侧的一面围墙下，一名身上污浊、面色铁青的产妇裹着破棉絮在寒风中瑟瑟发抖，怀中抱着的婴儿早已冻僵。张西娟放下了手中的事务，紧急投身到救助产妇的行动中来。虽然婴儿没能保住性命，但所幸产妇度过了危险期。

每年天寒地冻的时候，北京市民政部门总是调动大量的人力物力，组织许许多多的社会志愿者，投身于帮助那些无家可归者的行动中。大量的棉衣、棉被、食品被送到无家可归者身边，许多无家可归者在严寒中感受了来自社会的温暖。他们感到社会不再冷酷，人与人之间不再冷漠，温暖和关爱正在回归。

社会缺失了良知，往往使人们的心态发生扭曲和失衡，使人变得越来越冷漠，好在金钱至上的非理性现象不是社会的主流。和谐、友善、博爱的中庸处世智慧经历了中华民族几千年的洗礼和检验，有着强大的生命力。事实证明，秉持中庸做人道德，永远坚守做人的"良心"底线，才是一个和谐社会所应该有的道德。

良心不可欺，欺了良心，就会寝食不安，心神不宁，就会受到来自心底的自我谴责。"认认真真做事，清清白白做人"，无论是当官、经商、打工还是种田，都应"对得起天地良心"，于人于己问心无愧。不要以为自己做的事很隐晦，没有人会知道自己的劣行，即使真的没有别人知道，还有自己的良心在悄悄地记着一笔账呢。

一个人应该时时审查自己的良心，做每件事、说每句话都要扪心自问，看看是否伤害了别人。曾国藩说："人无一内愧之事，是天君泰然，此心常快足宽平，是做人第一自强之道，第一寻乐之方，守身之先务也。"做什么事都问心无愧，对父母尽孝，对朋友尽义，对事业尽忠，就会一辈子都活得坦然，活得轻松，活得有模有样。否则，就会活在良心的不安和自责之中。

中庸之道讲究言行一致，表里如一。"言行就是德行"，《论语·宪问》篇中记载孔子说："有德者必有言，有言者不必有德。仁者必有勇，勇者不必有仁。"在孔子看来，有道德、有修养的人，一定有著作流传于世，既有德又有言。有道德的人之所以有言，都是来自自身的体验与实践。让别人欣赏自己的言行，而且也只有别人欣赏自己的言行，才更有可能获得人生和事业上的成功。

齐国的相国晏子出使晋国，在返回途中，路过赵国的中牟，远远地瞧见有一个人头戴破毡帽，身穿反皮衣，正从背上卸下一捆柴草，停在路边歇息。

走近一看，晏子觉得此人气度非凡，神态、气质、举止都不像粗野之人，可是为什么会沦落到如此寒碜的地步呢？于是，晏子让车停止前进，并亲自下车询问："你是谁？是怎么到这里来的？"那人如实相告："我是芹国的越石父。三年前被卖到赵国的中牟，给人家当奴仆，失去了人身自由。"

晏子又问："那么，我能把你赎出来吗？"越石父说："当然可以。"于是，晏子就用自己车左侧的一匹马作代价，赎出了越石父，并带着他一道回到齐国。晏子到家以后，没有理会越石父，就一个人下车径直进屋去了。

这件事让越石父很生气。他要求与晏子绝交。晏子百思不得其解，派人对越石父说："我过去与你素不相识，你在赵国当了三年奴仆，是我将你赎了出来，让你重新获得了自由，应该说我有恩于你。为什么这么快你就要与我绝交呢？"越石父回答说："一个有真才实学而且有自尊的人，受到不知底细的人的轻慢，是没有必要生气的。可是，如果他没有得到知书达理的朋友的平等相待，必然会很愤怒！任何人都不能自以为对别人有恩，就可以不尊重对方；同样，一个人也不能因为接受了别人的恩惠就卑躬屈膝，丢掉了尊严。你花钱把我赎了出来，是你的好意。可是，在回国途中，你却一直没有让座给我，我认为这可能是你一时疏忽，没有计较。现在到家了，你竟不跟我打一声招呼却只管自己进屋，这不说明你依然把我当奴仆看待吗？你的言行表明你并没有尊重我，这让我觉得你与那些买我做奴仆的人没有区别。我还是回去做我的奴仆好了，请你再次把我卖了吧！"

晏子听了越石父这番话，深感自己的言行确实有失礼节，赶紧弯下身子向越石父施礼道歉，他诚恳地说："我在中牟时只看到了你不俗的外表，现在才真正发现你高贵的内心和非凡的气节，请你原谅我的过失，不要弃我而去，行吗？"从此，晏子将越石父尊为上宾，以礼相待，渐渐地，两人成了相知甚深的好朋友。

其实，言是行的一种，做任何事首先都会从语言中表现出来。行有时只是言具体化的表现。晏子开始时欣赏的是越石父的行为举止，后来听了越石父的话语，又开始欣赏他的言了。总之，越石父通过自己的言行征服了晏子，得到了欣赏，使自己从奴仆的身份一跃成为相府里的红人。

分析越石父的言行，我们不难发现其中的特点：

一是不卑不亢，令人折服。越石父出身很卑微，但在晏子面前却能不卑不亢，以理服人，所行所言，令人折服。以理服人，说话讲到点上，就会让人信服。与其口若悬河地说个不停，不如一句话就切中要害，反而更让人欣赏。

二是不直接指责别人。《圣经》上说："你们不要做诋毁别人的伪证。"约束自己不说别人的闲话，是很重要的处世方式。越石父尽管产生了离开晏子的想法，却没有到处散播晏子的过错，而只是自己心知肚明。我们必须记住这样一句话："你自己不欣赏的东西，千万不要用到别人身上，因为别人与你一样不欣赏你讨厌的东西。"

三是善于打圆场，敢于说道歉。交谈陷入僵局是难免的，因此善于打圆场和敢于道歉就显得非常重要了。一方面会让人觉得你很精明；另一方面又会让人感到你很宽容豁达。这样的言行很容易征服别人，给人留下深刻的美好印象。就像晏子主动向越石父道歉那样，打圆场和道歉都是中庸处世的最佳方法。

一个有德之人总能在为人处世中说出受听的语言，做出令人赞赏的举止行为。而且这样的人十之八九都拥有极好的人缘，在人际交往或官场、职场中占据主动的、有利的地位。为人者，一定要善于修养自己的身心，陶冶自己的言行，用得体的言行树立自己的形象，而不是为所欲为，自贬身价，自毁前程。

智慧54
通行四海，礼孚众望

做人要占尽一个礼字，做一个彬彬有礼的人。

孔子说："不知命，无以为君子也；不知礼，无以立也；不知言，无以知人也。"意思是说，不知道命运，就不能够做君子；不懂得礼，就不能够立身；不善于识别言语，就不能够识别人。

孔子的全部学说归根结底落到了命、礼、言这三个支点上，这是对人们具有指导和约束意义的立身处世的学说。而其中的礼又具有承前启后的作用。一个人缺少了相应的礼，就像孔子所说，必然难以立身。

可以说，孔子是中国历史上第一位礼仪专家，他认为礼仪是一个人"修身养性、持家立业、治国平天下"的基础。有时候，一个才能平庸的人，如果深谙礼仪的妙用，具备人格魅力，也能够吸引一些杰出人才，为他所用，促使事业成功。

汉朝刘邦文不如萧何，武不及韩信，却能将萧何、韩信笼络于自己的手下，一个重要原因就在于他真正做到了礼贤下士，把对萧何、韩信的推崇和尊重发挥到了极致，使两人极尽才能地效命于他。

三国时的刘备是一位缺点很多甚至才能平庸的人。然而，他却是一位深孚众望的君主，最大的原因就是他很得人心。他是一位礼仪专家，也是一位社交高手，非常有个性的关羽、张飞都被刘备所吸引，连诸葛亮这样的旷世英才也对他心悦诚服，帮助他创下了三足鼎立的伟大事业。

孟子说："诚者，天之道也；思诚者，人之道也。至诚而不动者，未之有也；不诚，未有能动者也。"在现实生活中，与人交往共事，都必须持之以礼、持之以诚、持之以和、持之以爱。不管对师长、对朋友、对同事，处处不忘以礼待人，就会成为一个受到人们欢迎的人。否则，如果总是昂着头，一副趾高气扬的模样，对别人说句话也是爱理不理或者根本就不置可否，就会被人认为缺乏礼数，没有教养。一旦背上这样的名声，恐怕真的就难以立足了。

晋朝时有个叫周鲂的人，他的儿子叫周处，体力过人，却不注意自己的品行，在乡里整日为非作歹，鱼肉百姓，更不用说以礼待人了，人们见之如同瘟神一样，犹恐避之不及。时间久了，周处觉得很奇怪，也越来越感到孤独和无助，非常苦恼。于是，周处就去问年长的人："现在四季调顺，收成富足，可是人们为什么不高兴呢？"长者叹息道："乡亲们高兴不起来，是因为有三个祸害没有除掉啊。"周处问："三个祸害是什么呢？"长者回答："南山的白额虎，义兴的长蛟龙，再加上你就是三害了。"周处感到很惭愧，说："如果祸害仅此而已，我将除掉它们。"

从此，周处使出浑身解数射杀了老虎，捆住了蛟龙。他自己也收敛言行，以礼待人，还专门学习礼数知识，最终成了一名有用的人才。

礼是与人相处中最基本的待人方法。一个人的品性如何，往往能从他对人的态度和处世的方法中表现出来。心怀礼数的人，总是能逢凶化吉，遇难成祥。因为他待人以礼时，就已经为自己的将来结下了善缘，给自己留下了活路。这样的事例无论在历史上还是在今天，都屡见不鲜。

著名学者台静农先生是一个重"身教"的人，他是以人格魅力教化学生的。他温良恭俭让，具有强烈的平民意识，在家事母之孝，在校理事之忠，处世待人之诚，有口皆碑。他执掌台湾大学中文系 20 年，办公室大门永远敞开，任何人进去不必喊"报告"。他的朋友说："中文系是一个大平等，是一个大庄严；是一个庄严的平等，是一个平等的庄严；更是一个和谐的秩序，是一个秩序的和谐。"他对学生像待儿女一样，亲切、谦和又耐心。有一次，一位学生向他诉说，想看五百卷的《太平广记》中某一册。台静农说："下次我带一套借给你看。"同学们听了哄堂大笑，以为老师在说笑话。下次上课时，同学们却见台老师捧来了一函十册《太平广记》。

《水浒传》里的宋江被人送外号"及时雨"，这位文不如吴用、武不及林冲的小衙司，一朝上梁山，就坐上了第一把交椅，原因固然很多，其中一

189

个重要方面便是他处处以礼待人，时时厚待那些江湖侠客，所以受到了梁山好汉的一致拥戴。

陶觉说："凡是待人接物，必须是自己做主，千万不可因人起见。如果他人薄待我，我也薄待他；他人怠慢我，我也怠慢他；甚至他人毁谤我，我也毁谤他，这就是与他一般见识了。最好是他薄我就厚，他傲慢我就恭敬，他毁谤我就称誉，才能扭转人，而不被人扭转。"这一段话也是在告诫我们，在待人时，绝对不能他不仁，我就不义，而应以中庸的心态处之。遇到欺诈的人，以诚心感动他；遇到残暴的人，用和气熏陶他；遇到贪得无厌的人，把廉耻送给他；遇到心怀不正的人，以仁义气节激励他。总之，对人施以善心，待以礼仪，就会去除各种怨恨，使人际关系更加和谐。

曾经有一名商人在一条漆黑的路上小心翼翼地走着，心里懊悔自己出门时不带上照明的工具。忽然前面出现了一点光亮并渐渐地靠近。灯光照亮了附近的路，商人走起路来也顺畅了一些。待到他走近灯光时，才发现那个提着灯笼走路的人竟然是一位盲人。商人十分奇怪地问那位盲人说："你本人双目失明，灯笼对你一点用处也没有，你为什么要打灯笼呢？不怕浪费灯油吗？"盲人听了他的问话后，慢条斯理地回答道："我打灯笼并不是为给别人照路，而是因为在黑暗中行走，别人往往看不见我，我便很容易被人撞倒。而我提着灯笼走路，灯光虽不能帮我看清前面的路，却能让别人看见我。这样，我就不会被别人撞倒了。"

礼遇别人就是礼遇自己。盲人虽然看不见路，但他的灯笼却给别人带来了光亮，使别人能够远远地看见他，使自己免受伤害。正如印度谚语所说："帮助你的兄弟划船过河吧！瞧，你自己不也过河了吗！"

可悲的是，今天我们的人际关系中，礼遇正在被人们所淡漠，礼仪出现了事实上的缺失。对父母、师长缺之以礼，对同事、朋友施之以怨的现象虽不是比比皆是，但也是时有耳闻。诸如公交车上的抢座争座，公共场所中的吵闹喧哗等，时有发生，以礼待人已越来越显得弥足珍贵。

朱熹说，中庸处世待人，能在有过中寻出无过，在不可宽恕中寻出可宽恕，在不可原谅中寻出原谅。恪守自己的忠诚，容纳他人的意见，小错予以包涵，使对方受感化而无怨恨，使犯错误的人改过从善。

礼的内容包罗万象。待人温和是礼，容人过错是礼，劝人改过是礼，助人为乐是礼，乃至一切给予他人的方便都可称之为礼。礼是人际关系中最重要的处世原则。小到握手、鞠躬、微笑，大到出手相助、施人以恩，都是礼的重要内容。俗话说，礼多人不怪。讲礼的人受欢迎，不讲礼的人永远不会讨人喜欢。中庸处世就必须做一个彬彬有礼的人。

智慧 55
平者居多，完美少有

一个人对自己和他人要求过高，总是追求完美，就被称为完美主义者。完美主义者的性格往往固执、刻板、不灵活，给自己或他人设定一个很高的标准，并且非要达到不可。这样的人一旦受到挫折，就会感到很痛苦甚至难以接受。

哲人说："完美本是毒。"事事追求完美是一件很痛苦的事，它就像是毒害你心灵的药饵。因为这个世界本来就不是完美的，过去不是，现在不是，将来也不是，它本来就是以缺陷的形式呈现给我们的。人如果事事追求完美，那无异于自讨苦吃。

从前，一位老和尚想从两个徒弟中选一个做衣钵传人。一天，老和尚对两个徒弟说："你们出去给我拣一片完美的树叶。"两个徒弟遵命而去。

不久，大徒弟回来了，递给师傅一片树叶说："这片树叶虽然不完美，但它是我看到的最完整的树叶。"二徒弟在外面转了半天，最终却是两手空空而归，他对师傅说："我看到了很多树叶，它们不是这儿少了一个角就是那儿缺了块边，再不就是颜色不鲜美，总也挑不出一片最完美的……"

自然，老和尚把衣钵传给了大徒弟。

"拣一片最完美的树叶"，人们的初衷总是最美好的，但如果不切实际地找下去，一心只想十全十美，最终只能两手空空。世间许多悲剧，正是因为一些人热衷于追求虚无缥缈的完美，而忘却了任何一种正常的选择都可以走向完美，完美不是既定的现象，而是日臻完善的执着追求的过程。

人生的缺憾有其独特的意义，我们不能杜绝缺憾，但我们可以升华和超越缺憾，并且在缺憾的人生中追求完美。缺憾可以当作我们追求的动力，如果我们能做到这点，就不会为种种所谓的人生缺憾而耿耿于怀了。

一个完美的人，在某种意义上说，也是一个可怜的人。他永远无法体会有所追求、有所希望的感受，也永远无法体会得到他一直梦寐以求的东西时的喜悦。

当你接受现实的不完美时，当你为生命的继续而心存感激时，你就能够成就完美；而另外的人却总在渴求完美，为完美而困惑。

假如你是一个完美主义者，那你的生活理想是吃要山珍海味，穿要名贵品牌，住要花园洋房，行要名贵轿车，妻要国色天香，儿要聪明伶俐，财要富可敌国……光凭你的一双手，能达到这样的目标吗？可想而知，为了这幅虚幻的图画，你的心会受到怎样的煎熬。

但如果你是一名知足主义者，能够正视人生的缺憾，那么你一定会认为自己的生活已经很好了：吃的营养充足，穿的整齐美观，住的能避风雨，行有汽车，妻有中等身姿，儿有健康体魄，钱财够花够用，再加上自己有一份安逸的工作，每月能拿回一笔可观的收入，这样想来就会感到，自己已经得到了别人也许永远得不到的完美人生！

智慧56
为人处世，忍让为高

中庸之道强调做人处世不能逞强好胜，特别是在受到刁难或者被人欺侮之时，更应有理智的头脑，千万不能意气用事。所以，孔子多次强调说："小不忍则乱大谋。"

忍让别人的欺侮，忍让别人的刁难，忍让难以忍下的人或事，对自己来说是一件很残酷的事。所以，古人造字时把"忍"字造得很恐怖——就如心脏上插了一把滴血的刀。人们在忍耐时，内心是很痛苦的，但一旦克制了胸中的怒火，忍住了难忍之忍，就会发现，忍让是大智大勇。

春秋战国时期的楚庄王是一位很会忍让的贤明君主。一次，楚庄王大摆宴席，邀请朝中文武大臣赴宴，同时又令自己的妃子向诸位大臣敬酒。君臣正喝到酒酣耳热之时，突然一阵风起，将堂内蜡烛吹灭，屋内顿时漆黑一片。这时，楚庄王的宠妃突然感觉到旁边有人对她非礼，她十分冷静，立即抓住那人的帽缨，用力拽了下来。然后，她在黑暗中摸索到楚庄王身边，把这事告诉了他，希望楚庄王找出非礼者加以惩罚。

不料，楚庄王听了事情经过后，并未暴跳如雷，反而令人不要点亮蜡烛，并对大臣们说："今天君臣难得一聚，大家要尽情畅饮，不醉不休。请大家不必拘泥小节，都把自己的帽缨拔下来，以示畅快。"于是，大家纷纷摘下了自己的帽缨。这时，楚庄王才令人点着火把，与诸臣继续开怀畅笑。事后，妃子埋怨楚庄王不替她出气。楚庄王说："一时的酒后失礼，岂可认真惩处？"以后再也未提及此事。

三年后，楚晋相争，双方战于沙场。楚军中一员猛将唐狡冲锋陷阵，勇猛异常，立下了赫赫战功。但当楚庄王论功行赏时，唐狡反而叩头谢罪，原来他就是那个酒席上冒犯了楚庄王妃子的人。

楚庄王的忍让换来了一员战无不胜的大将，如果他当时也像妃子那样怒不可遏，毫不留情地斩杀这员大将，不仅会使一场君臣宴变成充满了血腥味的刑场，还会使得人人自危，丢掉了人心，使自己处于被动局面，也就更不会出现后来的"春秋五霸"了。

宋朝时有位叫郭进的人，时任山西巡检，有个军校到朝廷控告他。宋太祖召见了那个军校，审问一番后，发现是那个军校诬告郭进，便命人把他押送回山西，并交给郭进处置。许多人劝郭进杀了他，而郭进却没有这样做。当时，正值敌国入侵，郭进就对那个军校说："你敢到皇帝面前去诬告我，说明你确实有点胆量。现在我赦免你的死罪，如果你能打败敌人，我就向朝廷推举你；如果你失败了，那就自己投河吧。"那人听后非常感动，在战场上奋不顾身，打败了敌人。不久，郭进就向朝廷推荐了他。这位军校因此升了官。

凡是能创大事业的人一定要有容忍人的度量。容忍小人虽然在实际上很难做到，但一旦做到了，就会受益颇丰。"厚德载物，雅量容人"，忍让是人生的美德，更是走向成功的智慧。

"处世让一步为高，退步即进步的张本；待人宽一分是福，利人实利己的根基。"为人处世，忍让为本。因为人生在世，谁也保证不了不犯错误，谁也难免会得罪人，但能得到人家的理解与容忍，自然就会感激不尽。当然，人家也会有意或无意地冲撞你，冒犯了你的尊严，同样也需要你忍一忍心头怒火，给人家一个笑脸，从而得到一个歉意的回报。

中国有句格言："忍一时风平浪静，退一步海阔天空。"不少人都将它抄下来贴在墙上，奉为处世座右铭。为人处世，切忌一味地争强、逞能，示强并不是聪明之举，退让、妥协、牺牲有时也很必要，它们不失为化解矛盾、消除隔阂的灵丹妙药。俗话说，退一步不为低。能够退得起的人，才能做到不计较个人得失，才能与人和谐相处，才能站在更高的境界。

智慧 57
贪心不足，灾祸临头

　　有贪心和贪欲是人的本性。俗话说，饱暖思淫欲，就是贪欲最直接的反映。每个人都有贪欲，财不厌多，色不厌美，食不厌精，衣不厌丽。但是，社会是有规则的，不是可以由着我们的贪欲而为所欲为的。如果对我们的贪欲不加克制，必然会损害别人的利益，受到应有的惩罚。贪欲无度正是中庸思想所唾弃的。

　　孟子曾说："养心莫善于寡欲：其为人也寡欲，虽有不存焉寡矣；其为人也多欲，虽有存焉寡矣。"佛曲《大智度论》中也说："哀哉众生，常为五欲所恼，而求之不已。此五欲者，得之转剧，如火灸疥。五欲无益，如狗咬炬。五欲增争，如鸟竞肉。五欲烧人，如逆风执炬。五欲害人，如践恶蛇。五欲无实，如梦所得。五欲不久，如假借须臾。世人愚惑，贪着五欲，至死不舍，为之后世受无量苦。"面对难填的欲壑，我们必须节制，尽量享受已有的。这样的生活才是真实的、富有质感的。否则，一切都将得而复失。

　　古时候，有位放羊的男孩，在一次偶然的机会，发现了一个深不可测的山洞，这个地方很隐蔽，他从未涉足过。好奇心促使他一步步地往山洞深处走去。突然，就在洞的深处，他发现了一座金光闪闪的宝库。天啊，这是不是人们常说的天下第一宝藏呢？放羊的男孩很是好奇，他从来没见过这么多金子，非常高兴。小心地从几万吨的金山拿了小小一条，他自言自语道："要是财主不再让我帮他放羊的话，这几十两银子也够我生活几年了。"他边说边从金洞回到放羊的山上。"够用了，够用了。"然后不急不忙地将羊赶回了财主家，又如实地把一天的经历告诉了财主。还把自己捡到的那块金子拿出来给财主看，让他辨别其真假。财主一看、二摸、三咬后，一把将放羊的男孩拉到身边，问藏金子的山洞在哪里。男孩把山洞的大体位置告诉了他，老财主马上命令管家与手下的打手们直奔山洞，担心找不准位置，还让男孩为他们带路。

财主很快就到了山洞，见到了金光闪闪的金山。他顾不得其他事情了，赶忙把金子往自己的衣袋里装，想带走所有的金子。洞里的神仙发话了："人啊，别让欲望负重太多，天一黑下来，山门就要关了。到时候，你不仅得不到半两金子，连老命也会在这里丢掉，别太贪婪了。"

可是财主面对金山，哪里还听得进劝告，他想，就是天大的石头掉下来，也砸不到自己的头上，何况这里有这么多金子！拥有这些金子，出去以后我就是大富翁了，还怕负重吗？于是财主不停地搬运，非要把金山搬完才能满足。忽然，一阵轰隆隆的雷声响过后，山洞全被地下冒出来的岩浆吞没了，财主别说当富翁，连自己的命也丢在了火山的岩浆之中。

人是感性动物，无论什么人，只要进入社会，接触到物质社会，都会在心里产生种种欲望。有人贪钱，有人贪权，有人贪酒，有人贪色，大凡"贪"字当头，就会忘乎所以，丢掉理性，走上极端，最终毁在"贪"字之上。

《后汉书·岑彭传》中有这样一句话："人苦不知足，既平陇，复望蜀。"意思是说既取得陇右，又想进攻西蜀，后来便用"得陇望蜀"来形容人贪得无厌，不知满足，用一句俗语就是"这山望着那山高"。

英国作家史密斯写道："人生追求的目的有：一是得到想要的，二是享受拥有的。可惜往往只有最聪明的人才能达到第二个目的。"生活中，一些人总认为吃不到的葡萄才是最甜的。这种人贪欲太盛，从来就不知道珍惜已经得到的东西，从而总是处于企盼的煎熬中，失去人生的乐趣。

人在进入社会后会有各种各样的欲望，这是无可厚非的。有的人的欲望是客观的、有节制的，这样的欲望则会是一种目标、一股动力，它可以使人具有方向性，这样的欲望为中庸之道所称颂。而有的人的欲望则是主观的、无限制的，甚至连他自己也说不清楚需要多少才会满足。这样的欲望就会给自己增加压力，为了欲望不择手段，直至毁身损誉。

人有七情，也有六欲。这本属正常，也是作为一个人在物质社会里不可或缺的东西。可是六欲不能太重，七情亦不能太多，只有这样，才符合中庸之道，也才能不为欲望所左右。否则，总有一天，用自己的贪心铸就的美好生活会灰飞烟灭。

智慧58
豁达大度，宽阔胸怀

豁达是做人的高尚境界。中庸处世的一个核心思想就是拿得起、放得下。正如《菜根谭》中所说的：面前的田地要放得宽，使人无不平之叹；身后的惠泽要流得久，使人有不匮之恩。

孔子把人分为"君子"与"小人"两类，他常讲"君子坦荡荡，小人长戚戚"。君子为人豁达大度，真心实意，没有"弯弯绕绕"，人品如岁寒之松柏；小人则不然，他们私欲缠身，只想占便宜，吃不了一点亏，整日只会为自己的得失精打细算，结果像背负着一座大山一样活着。更令人厌恶的是，小人的强项是论人是非，无论春夏秋冬，白天黑夜，他们都是如此，他们喜欢三五一伙，四六一堆，把"是"变为"非"，把"正"变为"反"，一句话，把纯正透明的人际关系搅成一潭泥水。

其实，小人们活得并不快乐，因为他们见不得别人快乐，所以整日都会沉迷于算计别人之中。相反，豁达的人却会整日活在快乐之中，他们知道一切尘世的烦恼都会成为过眼之烟，转瞬即逝，所以，他们会放下烦恼，把自己的人生变得有滋有味。

《中庸》上说："修养人道要用仁的美德。"而"仁的美德"最基本含义便是豁达处世。而且也只有豁达处世，才能站在中正的角度，而不是用过"左"或过"右"的极端方法处理各种矛盾和问题，"处世中正，就是通达的道理"。可见，豁达处世是处世的优良原则之一。

朱衮在《观微子》中说："君子忍人所不能忍，容人所不能容，处人所不能处。"豁达处世的一个关键是做人不能自命清高，因为一个自命清高的人往往容不下羞辱、委屈和脏污，而豁达处世可以适应恶劣的环境、恶劣的人物、恶劣的语言、恶劣的行为。在豁达之人看来，这些都是一种不可持久的"污浊"，只要怀有一颗容忍和包容的心，它们就会自然而然地消退于无形，"还我于真形"。

孔子说："君子成全别人的好事，不促成别人的坏事。小人恰恰与此相反，他们不愿成全人，却会忌妒人。"君子能够坦然豁达，天天吃得香，夜夜睡得稳，而小人却因为存有害人之心，常常在夜深时就会反省自己，使自己不能入眠，陷于痛苦之中。

人与人是不同的，甚至个体之间的差异很大。但人与人又是相通和相连的，一个人绝对不可以孤立于人群之外生存。在这样的一个整体中，如果一个人不愿成人之美，道人之善，生就一双鳝鱼眼睛、一副小肚鸡肠，专门挑剔人、嫉妒人、算计人，过不了多久，他就会成为人人弃而远之的瘟神。这样的人还能有什么作为呢？他又如何能够豁达起来呢？而那些不责人之过，不夸己之能，乐于帮助人、成全人的人，就像一块巨大的磁石，放在哪里都会展现他的人格魅力，都会让人们主动接近他，帮助他，成为孔子所说的具有君子之风的人。

佛家历来提倡为人要豁达，所以，我们在许多庙里都会看到笑口常开的弥勒佛。这尊代表了宽容、喜悦、吉祥的弥勒佛像，给人们带来了无限的遐思。他袒胸露腹，肚子滚圆凸出，笑口常开，表达了仁爱、宽厚、豁达的生活智慧。

东汉时，班超一行在西域联系了许多国家与汉朝和好，但龟兹却恃强不从。

班超便去结交乌孙国。乌孙国王派使者到长安来访问，受到汉朝的友好接待。使者告别返回时，汉帝派卫侯李邑携带不少礼品同行护送。

李邑等人经天山南麓来到于阗，传来龟兹攻打疏勒的消息。李邑害怕，不敢前进。于是上书朝廷，中伤班超只顾在外面享福，拥妻抱子，不思中原，还说班超联络乌孙牵制龟兹的计划根本行不通。

班超知道是李邑从中作梗，叹息说："我不是曾参，被人家说了坏话，恐怕难免见疑。"便给朝廷上书申明情由。

汉章帝相信班超，下诏责备李邑说："即使班超拥妻抱子，不思中原，难道跟随他的一千多人都不想回家吗？"诏书命令李邑与班超会合，并令班超收留李邑，与他共事。

李邑接到诏书，无可奈何地去疏勒见了班超。

班超不计前嫌，友好地接待了李邑。他改派别人护送乌孙使者回国，还劝乌孙王派王子去洛阳朝见汉帝。乌孙国王子启程时，班超打算派李邑陪同前往。

有人对班超说："过去李邑毁谤将军，诋毁将军的名誉，这时正可奉诏把他留下，另派别人执行护送任务，您怎么反倒放他回去呢？"

班超说："如果把李邑扣留，那也太没有将军的风度了，正因为他曾经说过我的坏话，所以才让他回去。只要一心为朝廷出力，就不怕别人说坏话。如果为了自己一时痛快，公报私仇，把他扣留，那就不是忠臣的行为。"

李邑知道后，对班超十分感激，从此再也不诽谤他人了。

生活中，一个心狭气窄的人，凡事都与人斤斤计较，必然招致他人的不满，自己也难以快乐起来。而一个豁达的人，总能善以待人，多行义举，受到人们的称赞，从中得到快乐。法国作家雨果说："世界上最宽阔的是海洋，比海洋宽阔的是天空，比天空宽阔的是胸怀。"

"宠辱不惊，闲看庭前花开花落；去留无意，漫随天外云卷云舒。"官场少有常青树，财富终有用尽时，只有豁达的心境才是长久的财富。豁达是一种开朗的胸怀，是一种不可战胜的力量，它可以给人以智勇、以快乐、以悠闲，使人生充满光明。

智慧 59
远大志向，辉煌人生

《中庸》说："君子之道，造端乎夫妇，及其至也，察乎天地。"

志存高远，就会自我激励，奋发向上，克服自身的弱点和眼前的困难，去实现宏伟的志愿。所以，人人都要认真地审视自我，要志存高远，分析理想实现过程中的艰辛。我们通过一个事例来加以说明：

维斯卡亚公司是美国最著名的机械制造公司，其产品代表着当今重型机械制造业的最高水平，销往全世界。许多名牌大学毕业生都到该公司求职，但均遭拒绝，原因是公司的高技术人员已经饱和。但是令人垂涎的待遇和足以炫耀的地位仍然使那些有志的求职者趋之若鹜。

史蒂芬是哈佛大学机械制造业的高才生。和许多人一样，在维斯卡亚公司每年一次的招聘测试会上被拒绝。史蒂芬并没有灰心，他发誓一定要进入这个公司。于是，他找到公司人事部，提出为公司无偿提供劳动力，希望人事部可以分派给他工作，而且不论是什么工作他都可以不计报酬地完成。公司起初觉得很不可思议，但考虑到不用任何花费，也不用操心，于是便分派他去打扫车间里的废铁屑。

一年来，史蒂芬勤勤恳恳地重复着这种简单却劳累的工作。为了糊口，下班后他还要去酒吧打工。就这样，虽然得到老板及工人们的好感，但是公司仍然没有录用他的迹象。

后来，由于产品的质量问题，公司的许多订单纷纷被退回，为此公司蒙受了巨大的损失。董事会为了挽救颓势，紧急召开会议商议对策。当众人无计可施时，史蒂芬闯入会议室声称自己可以提出一些建议。

在会上，史蒂芬对问题出现的原因做了令人信服的解释，并且就工程技术上的问题提出了自己的看法，随后拿出了自己对产品的改造设计图。这个设计非常先进，恰到好处地保留了原来机械的优点，同时克服了原有的弊病。

总经理及董事会成员发现这个清洁工竟然如此在行，便询问了他的背景以及现状，之后不久，史蒂芬被聘为公司负责生产技术问题的副总经理。

原来，史蒂芬在做清扫工时，利用清扫工到处走动的特点，细心观察了公司各部门的生产情况，并做了详细记录，发现了技术性问题并研究出了解决的办法。为此，他花了近一年的时间统计数据、做设计，为最后的一鸣惊人奠定基础。

可见，人应当有远大志向，才可能成为杰出人物。自古以来，凡是能成大事者，无不立高远之志，以勤为径、以苦作舟去实现自己的理想。

昔时少年项羽因为看到秦始皇出游的赫赫声势，就产生了取而代之的念头，才有之后的楚汉相争；诸葛亮躬耕南阳，因为常"好为梁父吟，自比管仲乐毅"，才出现了魏晋时期的三国鼎立；霍去病因为有"匈奴未死，何以家为"的壮志，才演绎出一曲英雄赞歌；周恩来因为从小便有"为中华之崛起而读书"的豪气，成为了开国总理；巴尔扎克因为年轻时的挥笔豪言"拿破仑用剑无法实现的，我可以用笔完成"，才有了 350 部鸿篇巨制的流传；苏步清教授因为少年时有"读书不忘救国，救国不忘读书"的志向，后来才成为国际公认的几何学权威。

正如道格拉斯·勒顿说的："你决定人生追求什么之后，就做出了人生最重大的选择。要想如愿，首先要弄清你的愿望是什么。"有了志向，你就看清了自己的目标，你就有了一股勇往直前的动力。

志向远大的人都对自己的人生饱含热忱，对事业富有激情。这是一种天性，是生命力的象征。正是有了这股热忱和激情，才有了灵感的火花，才有了鲜明的个性，才有了人际关系中的强烈感染力，才有了解决问题的魄力和方法。比尔·鲍尔曼和菲尔·耐特正是靠着由远大志向产生的强烈的热忱和激情取得了最后的成功。

比尔·鲍尔曼，曾经是美国尤金市俄勒冈大学三年制学院里的一名田径运动教练。他是一名事业心很强的教练，他的理想就是使自己的运动队超过其他队，但是他的运动员都有一个非常头疼的毛病，那就是经常得脚气病。其实，很多球队都有这样的问题，大家都不去想怎么样才能没有脚气，因为像这样的运动，脚部肯定会出汗，汗流多了闷在鞋子里，当然会有脚气。

但是比尔·鲍尔曼却不如此认为，他觉得自己一定能想出办法来解决这个问题。他认为要消除这样的情况，就必须为运动员定做一双适合自己的鞋子，这样的鞋子必须底轻而且支撑好、摩擦力小、稳定性强，这样才可以减少运动员脚部的伤痛，有助于跑出好成绩。于是，在闲暇之余，他开始画鞋样，并找几家制鞋公司定做。但是都被谢绝了，因为厂家认为，这个教练对鞋子一窍不通，没有资格对制鞋指指点点，这只是他的一时冲动而已。

但是，比尔·鲍尔曼并没有气馁，他开始自己做，他请教了补鞋匠，并拜皮鞋工人为师，亲手为自己的运动员做鞋子。结果，在运动会上，他的学生穿着他亲手制作的鞋子跑出了很好的成绩。

同时，教练的这种百折不挠的精神以及所取得的成果，使他的一个学生大受感动，这个学生就是菲尔·耐特。比尔·鲍尔曼的这种激情真正感染了学生菲尔·耐特。菲尔·耐特当时是一名很好的运动员，但是在他毕业的时候，却用这个故事写了自己的论文，并与鲍尔曼商量，决心与他一起做。他认定这不仅仅是一双鞋的事，而是一项大有作为的事业，是一项为运动员造福的大好事。菲尔·耐特，就是后来耐克（NIKE）公司的真正创始人。

可见，是激情让这对师徒最终走到了一起，为了同一个目标而努力。对此菲尔·耐特曾经感慨道："当年的激情使我们明白：成功永远没有过去式，只有未来式。"菲尔·耐特早在攻读硕士学位时，就梦想着自己能够有一个世界头号运动鞋公司，他在学期论文上探讨如何在运动鞋的领域建立一家小型的企业，生产一种价格便宜、品质优良的运动鞋出来，并在市场上打响名号。

菲尔·耐特一毕业就开始了自己的行动，他找到一家仿制阿迪达斯产品的虎牌运动鞋公司，说服该公司总经理，让菲尔·耐特担任虎牌运动鞋在美国的代理商。回国之后，菲尔·耐特找到了比尔·鲍尔曼，他们每人投资 500 美元，正式成立了名为蓝缎带的运动用品公司。菲尔·耐特把公司定位为制造各种体育运动和健身活动设计及行销运动鞋类、服装、设备和附件，并在第二年开发出了第一款轻质耐磨尼龙马拉松跑鞋，这个时候菲尔·耐特又一次得到了教练鲍尔曼的投资，成立了蓝缎带体育公司。

公司创建起来了，产品打出去了，师徒二人此时想的是如何让人们记住他们。那个时候电视屏幕上有全天候的广告，宣传介绍包装精美、不用熨烫的运动服和式样新颖的运动鞋；几乎天天都有体育比赛实况转播，任何人都无法抵挡体育运动的诱惑，即使从来不参加体育活动的人也为之怦然心动。体育运动的魅力、活力和胜利的喜悦，促使人人都去穿运动鞋和运动服。于是，人们开始将美国黑人流行艺术引用到运动衣和运动鞋上，使之成为时髦的标志，这对于菲尔·耐特师徒来说是一个很好的时机。菲尔·耐特巧妙地迎合了美国人的流行艺术意识，在做广告上尤为注意这一点：广告既强调体育运动，又具有强烈的煽动性，成为流行时尚的领导。由于他们过去曾经是运动员和教练，认识很多有名气的运动员、教练，于是他们开始和当下的名人合作：网球名将阿加西，他留胡子，长发蓬乱，将牛仔裤剪短当网球裤，而这种牛仔网球裤也就成了耐克公司的特色产品；黑人篮球明星乔丹，他是美国青少年心目中的榜样与英雄，由他参与设计生产的乔丹运动鞋，成了耐克公司最畅销的产品；巴西超级球星罗纳尔迪尼奥，拥有亿万的拥戴者，他穿的正是耐克公司特制的球鞋……

在激烈的商业竞争中，菲尔·耐特并没有改变自己的立场和初衷，他明白自己在做什么。对事业充满热忱和激情的菲尔·耐特一直把品质问题看得非常重要，和教练一起经营了两年之后，就自己去做教练，开始了自己的独立经营，他要在实践中体验运动员对鞋子的细节要求。菲尔·耐特一直潜心研究运动鞋，希望式样有所改进，品质有所提高。菲尔·耐特明白运动员都想要这样一双鞋子：穿上它之后，底轻而支撑又好，摩擦力小且稳定性强，可以减少脚部的伤痛，有助于得到好成绩。菲尔·耐特不仅自己研究，还请教修鞋匠，在这个过程中，菲尔·耐特一方面坚持当初创业时的信念，坚持办体育用品公司而不办时装公司，另一方面又采取了产品多样化策略，除生产运动鞋外，还推出了童鞋、非运动休闲用鞋、旅游鞋、工作鞋和运动服装。

随着公司的产品销售量在海外增加，菲尔·耐特开始把原来在日本的生产工厂转移到韩国和中国台湾地区，因为那里的劳动力相对低廉，借此又向这些地区推出中等价格的跑步鞋。不久，耐克又在中国合资开工厂，耐克牌运动鞋自然也就随之打入了中国这个世界上最大的鞋类市场。

这样，菲尔·耐特就把"耐克"这个牌子逐渐做出来了，销售额开始增长，且速度是惊人的，就连菲尔·耐特的对手也开始对他进行大力赞扬。新布兰斯公司营业部的副总裁瓦尔特就佩服得五体投地："他们的每一件事都做得很漂亮。"

其实仔细想想，比尔·鲍尔曼和菲尔·耐特的成功就是因为最开始就有远大的志向，由此而产生的热忱和激情支撑着他们，给了他们无穷的动力。

我们都需要远大志向，需要开拓，让我们从现在做起，兢兢业业，开拓创新，扎扎实实做好本职工作，在平凡的工作中实现伟大的人生抱负。

智慧 60
埋头做事，抓准时机

心理学家皮瑞拉博士说过："有很多困境，其实是自己造成的。"在现实生活中，总有不尽如人意的事情发生，如何面对和解决完全取决于个人的心理状态。有的人会往好里想，所以日子过得安稳太平，而有些人就是喜欢认死理，自找麻烦。怨天尤人者往往忙于对别人的批评以及对环境、运气的抱怨，以至于没有多余的时间和精力来改正自己。我们要想做一个处世高调的人，就必须放下抱怨的情绪，全身心地投入到自己的事业中，在埋头做事中等待时机。

晋武帝太康年间，京城洛阳的纸张，突然涨价了，原来不过一千文钱一刀的纸，这时竟卖两千文甚至三千文一刀。人们都在问这是怎么回事，有人回答说：你还不知道？左思写了篇《三都赋》，文人学士争相传抄呢！

左思原为山东临淄人，小时候读书成绩并不好，他的爸爸左雍曾对朋友们说：左思没有我小时候的聪明劲儿。左思心想：我一定要好好读书，超过父亲。

左思有个妹妹，叫左芬，因为文章写得好，受到皇帝的喜爱，召入宫中，封为贵妃。由于这个原因，左思也来到京城洛阳，准备干一番事业。

左思早就听说汉朝的班固写有《两都赋》，张衡写过《二京赋》，这两篇赋都很有名气，但他对这两篇佳作都有自己的看法，认为有些描写流于虚幻，缺乏事实根据。他决心学习前人，把三国时代的魏都邺城、吴都建立、蜀都成都合起来写篇《三都赋》。

为了写好这篇赋，左思下了很大的功夫。他向在四川做过官的张望载了解成都的风貌；他找来了有关三都的图书典籍，认真考察。为了集中精力构思写作，他闭门谢客，专心致志。左思还在房间里、院落里，甚至厕所里都挂上纸片，放上笔墨，一有所得就随手记下。有的纸片上的文字，涂了又涂，一改再改。他的夫人为他送来饭菜，他也忘了吃。一次，他正在挥笔写作，忽然想到应该吃点东西了，待到把一口菜送到嘴里，感到不是滋味，吐出来一看：那菜是黑乎乎的——原来他是把毛笔当作筷子夹菜了。

经过这样一番苦心写作，《三都赋》终于写成了。他为这篇文章，前后花了十年的时间，满以为会受到士子们的赞赏，没想到拿出去征求意见时，竟受到一伙人的嘲讽。原来，他要写《三都赋》的风声一传出去，就有人断定他这篇文章难登大雅之堂。有位叫张华的人对他说，有位皇甫谧先生是当今文坛领袖，你可以请他评论一下再做计较。

于是，左思把《三都赋》送呈皇甫谧。皇甫谧读后，击节赞赏。为了奖掖新秀，皇甫谧亲笔为之作序，并请人为之做注解。顿时，《三都赋》成为洛阳百姓交口称赞的好文章。文学家陆机，原来看不起左思，还打算自己写篇《三都赋》，后来看到左思《三都赋》的抄本，自叹弗如，也放弃了写《三都赋》的念头。

专心致志，是左思获得成功的重要原因之一。他为了写好《三都赋》，闭门谢客，全身心都投入到了写作之中，不受外界任何干扰，这是难能可贵的。我们有些人，也立志要做些事情，但他们的立志不能持久，因此，雄心壮志往往付之东流。这是应深以为诫的。

智慧 61
顺势而为，善于借物

一个人有没有智慧，能否顺势而为，往往体现在他做事的方法上，借助别人的智慧取得成功，是实现成功人生必不可少的手段。

刘邦在位之初为安定内外，显示汉家江山的千秋万代，便立吕后之子（即后来的惠帝）为太子。后来戚夫人备受刘邦宠爱，并为其生下一子，赐名如意。刘邦因为极其喜爱戚夫人，并与吕后感情日疏，终于禁不住戚夫人的旁敲侧击和屡次请求，动了废太子、改立如意的念头。群臣震动，纷纷上疏力谏刘邦，认为废长立幼不仅有违传统，而且易引发内廷动乱。刘邦一时决断不下。整个事件中，最为焦急和忧虑的莫过于吕后，可惜她一时束手无策，只能终日寝食难安。这时有人向她献计说："张良一向足智多谋，并且深得主上信赖，王后何不求教于他？"吕后立刻让其弟建成侯吕泽将张良请至府上。张良深知其用意，本欲推脱，称："立太子本是皇家之事，主上自有主意，纵使一百个如臣之人也无能为力。"吕泽一再坚持，软硬兼施之下张良心知推辞不了，沉吟片刻，献策说："如今戚夫人受宠，口舌之辩无济于事。主上一向最敬重四个人，但因当年主上轻慢，这四人愤而隐匿于山野之中，誓不为汉室效力。主上想招而不可得，常常耿耿于怀。太子若能得此四人辅佐，或许会受益良多。"

吕后于是让吕泽带着太子的亲笔书信，以重金厚礼请这四人出山相助，并将四人接回长安，安置于建成侯府中。

高帝十一年，英布起兵造反，刘邦便属意让太子代己出征，平定叛乱。四人急忙向吕泽建议："太子此番出征，若建功勋，并不能改变如意受宠的局面；稍有差池，则必招祸殃。再者，军中诸将随主上平定天下，常年征战，骁勇过人，必不服太子指挥。此去无异于以羊率虎，必定无功而返。何况太子领兵在外，如意长侍主上左右，一涨一消，如意更得主上喜爱。今有传言，主上常叹，'怎能让不肖之子居于爱子之上'，可见废太子之心日盛。为今之计，还是请吕后向主上恳求，请主上率军亲征。"吕后依计行事，刘邦以为太子之力不足以领兵，只好决定亲征。随后，刘邦向张良询问此事，张良知其中利害，便说："太子毕竟征战经验不足，封太子为将军，监管关中军马即可。"刘邦于是亲自领兵，攻打英布叛军。

第二年，刘邦得胜归来，身体日益衰弱，心知时日难久，急于改立太子。一次宫中设宴，刘邦突然看见侍立太子身后的四人，心中震动，问其缘由。四人答道："太子至仁至孝，天下拥戴，何况我们四人呢？"刘邦见此四人都愿意破誓辅佐汉廷，以为太子羽翼日丰，地位牢不可破，废之不智，从此打消了改立太子的念头。

张良安嗣之计即我们通常所说之"隔山震虎"。这是一种典型的迂回策略，当正面交锋或直接陈述行之无效时，我们就要转变方向，抓住对方的特征甚或弱点，从侧面入手，或借力打力，或旁敲侧击，以达到最初的目的。

张良提出请四人辅佐，正是深谙此道。当时，太子之位岌岌可危，戚夫人受宠，以情动刘邦自是不可能。依仗群臣的支持，频频向刘邦进言更是无益。只有找出真正能震动刘邦之事，使其在理智上认同太子才是上策。四人在关键时刻的出谋划策使太子避免了一场覆灭之灾，他们带给刘邦的震动使刘邦对太子彻底改观，事实证明，张良之策实在高明。

这对我们不无启示：当我们认为某些问题难以解决时，不妨想想是不是思路该稍作改变，是不是能从侧面入手达到目的。就如同前面有大河挡路，我们不必费尽心思填平它，搭座桥或找只渡船更为明智。

"好风凭借力，送我上青天"，外部环境和才干同样重要，一个有才干的人如果没有外力的帮助，那么他的才干便不会得到淋漓尽致的发挥。

因此，充分地了解环境，发现自身优势，利用工具，才能用最小的努力发挥最大的效率，这与武术中的"四两拨千斤"有异曲同工之妙，也是众多实现人生目标的有效路径之一。

智慧 62
自我克制，谨慎小心

一个人只懂得如何做事是不够的，还要学会如何做人。做事和做人是硬币的两面。高调做事者，必须同时追求人际关系的和谐；低调做人者，也必须学会不避嫌怨，高调做事。

做人、做事都难免会有不如意的时候，这时若能低调一下，也许就会峰回路转了，掌握了自我克制，也就掌握了一种低调做人的方法。生于乱世的魏晋时期的名士阮籍，就很善于运用这种方法来保全自己。

当时，政权交替频繁，社会动荡不安，许多读书人惨遭杀身之祸。为此，阮籍一心饮酒，全然不问政事。司马昭曾想为儿子司马贵向阮家求婚，阮籍却烂醉如泥，司马昭无法和他讲话，此事作罢。钟会几次去征求他对时局的意见，想以此罗织他的罪名，阮籍居然因为大醉不作回答，最终得以免祸。

将真实意图隐藏起来，自我克制，不但可以免祸，而且可以给竞争对手造成假象，使之判断失误。再来看一个故事。

王叔文经常和皇太子下棋。有一次，二人边下棋边谈论时政，谈到宫市的弊病时，太子说："我正想劝谏皇上废止宫市呢。"在场的人都称赞太子，唯有王叔文不说话。众人走后，太子单独留下王叔文，问他不说话的原因。王叔文说道："太子的职责是侍奉皇上的饮食起居，早晚问安，不应议论其他的事情。陛下在位多年，如果怀疑太子劝谏废止宫市是为了收买人心，太子如何自我解释呢？"太子大吃一惊，说："若不是先生指点，我哪里知道这个道理！"于是对王叔文格外宠信。

王叔文教给太子的韬晦之术，并不是简单的免除灾祸，而是为实行改革朝政的伟大事业而采取的权宜之计。王叔文是后来"二王八司马"革新运动的领袖，而这个皇太子就是后来的唐顺宗，这场革新运动的坚定支持者。他们的韬晦之为，是整个行动的一个组成部分。

与此相类似，更明显的是颜真卿。

颜真卿在做平原太守时，安禄山反叛的行为已人尽皆知，颜真卿假托"防止连绵大雨，重新修城浚壕"之名，暗中征集壮丁，充实粮草，而在表面上又假命文人才士饮酒作乐；安禄山秘密侦探，见此情景，以为颜真卿等就是一介书生，不足为虑。不久，安禄山发动暴乱，河朔失陷，唯有平原有防备。

在高标做事的同时我们应该低调做人，在待人处世中自我克制，当自己处于不利地位，或者危难之时，不妨先退让一步，这样做，不但能避其锋芒，脱离困境，而且还可以另辟蹊径，重新占据主动；当身处有利形势时，更要放低姿态，谨慎处事。这才是一个高明的"中庸"之士应该具备的大智慧。

人一旦兴旺发达、功成名就之后，就容易成为众人瞩目的焦点，被人品评。因此，越是位居显要，就越是要经常反躬自省，越是要讲究低调做人，不自满、不骄傲，融入大众之中。

李白曾在《将进酒》中说："古来圣贤皆寂寞，惟有饮者留其名。"圣贤之士之所以寂寞，是因为他们志存高远而淡泊名利，因为他们高调做事却低调做人。空虚者是没有理想、没有期盼的，落寞者是有理想有期盼但无法实现的，彷徨者是能实现而不能把握的。这些都是他们不懂人生所要经历的几大境界，也不能正确适度地处理理想和现实的关系造成的。

古代人有"先天下之忧而忧，后天下之乐而乐"的情怀，我们现代人更应该有淡泊名利、无私奉献的精神境界。

智慧 63
心态平和，宽容待人

平和的心态是一种美德。秉持这种心态做人，自然能妥善地对待世间的人和事。既尊重自己，又赢得别人的尊敬，是宽容做人的要义所在。让我们从宋代韩琦的身上来体会这一点。

宋代的韩琦长期担任宰相。有一次，韩琦在定武统帅部队时，夜间伏案办公，一名侍卫拿着蜡烛为他照明，一不小心，蜡烛烧了韩琦鬓角的头发，韩琦没说什么，只是用袖子蹭了蹭，又低头写字。过了一会儿一抬头，发现拿蜡烛的侍卫换人了，韩琦怕主管侍卫的长官鞭打那个侍卫，就赶快把他们招来，当着他们的面说："不要替换他，因为他已经懂得怎样拿蜡烛了。"

军中的将士们知道此事后，无不感动佩服。

按理说，侍卫拿蜡烛照明时走神，把统帅的头发烧了，本身就是失职，韩琦责备一句也是应该的，可他不但忍着疼没有作声，还担心那个侍卫受到责罚。他这种平和与容忍更有利于士兵改正缺点、尽职尽责，而且韩琦统帅的是一个大部队，事情虽小，影响却大，兵将谁不愿意为这样的统帅卖命呢？

韩琦镇守大名府时，有人献给他两只玉杯，这两只玉杯毫无瑕疵，是稀世珍宝。韩琦非常珍爱，送给献宝人许多银子。每次大宴宾客时，总要专设一桌，铺上锦缎，将两只玉杯放在上面。结果有一次在劝酒时，一个官吏不小心碰到地上摔碎了。碰坏玉杯的官吏吓傻了，趴在地上请求治罪。可韩琦却毫不动容，笑着对宾客说："大宝物，是成是毁，都有一定时数的，该有时它就出现了，该坏时谁也保不住。"说完又转过脸对趴在地上的官吏说："你偶然失手，并非故意，有什么罪呢？"这番话说得十分精彩。既然玉杯已经打碎，无论怎样也不能复原，责骂、痛打肇事者都于事无补，甚至可能会导致众位宾客十分尴尬，一场聚会不欢而散；况且也会大大损坏自己的形象。而韩琦此言一出，立刻博得了众人的赞叹，而肇事者对他更是感激涕零，恐怕给他做牛做马也心甘情愿了。

元代吴亮在谈到韩琦时说："韩琦器量过人，生性淳朴厚道，不计较繁琐小事。功劳天下无人能比，官位升到臣子的顶端，但不见他沾沾自喜；经常在官场中周旋，也不见他忧心忡忡。不管在什么情况下，他都能做到泰然处之，一生不弄虚作假。在处世上，被重用，就立于朝廷与士大夫们公平议事；不被重用，就回家享受天伦之乐，一切出自真诚。"

韩琦一生处于危险之地而又一直立于不败之地的原因，正如他自己所说的那样："天下之事，没有尽如人意的，一定要用平和的心态去对待。否则，连一天也过不下去。即使是和小人在一起时，也要以诚相待。只不过知道他是小人，就同他少来往罢了。"这就是韩琦处世的秘密。

用平和宽容的心态去面对人和事，以"和"为要，才能把大事化小，求得和睦相处，如此低调做人才是打开成功之门的钥匙。

《中庸》
64个人生智慧

智慧64
和颜悦色，放低姿态

与人交往时，和颜悦色、主动放低自己的姿态，也是低调做人的表现之一，特别是当对话的双方地位悬殊时，地位高者采用适当的低姿态会满足对方的心理需求，这样的讲话方式当然会受到对方的欢迎。

岑文本为南阳棘阳人，博考经史，善于写文章，唐太宗对他比较敬重，曾说其"弘厚忠谨，吾亲之信之"。及晋王立为皇太子，名士多兼任宫官，太宗欲使文本兼任，文本一再拜谢说："臣以庸才，久逾涯分，守此一职，犹惧满盈，岂宜更忝春坊，以速时谤。臣请一心以侍陛下，不愿更希东宫恩泽。"

太宗便作罢，但仍令他五日一参见东宫，皇太子待以宾友之礼。

不久任中书令，他回家后面有忧色，其母怪而问之，文本说："非勋非旧，滥荷宠荣，责重位高，所以忧惧。"亲朋有来庆贺，都说："今受吊，不受贺也。"

又有人劝他经营产业，文本叹气说："南方一布衣，徒步入关，畴昔之望，不过秘书郎、一县令耳。而无汗马功劳，徒以文墨致位中书令，斯亦极矣。荷俸禄之重，为惧已多，何得更信产业乎？"建议者敬服而退。

文本因忠于职守，为人谦逊而知足，始终得到唐太宗的充分信任。

低调为人处世，会让别人觉得你不会对其造成威胁，自然你本身可能遭遇到的困难相对要少些。为官之道自古以来为人们所重视。战国时的荀况说，执政者手中握有很大的权力，但仅凭权力并不能使天下自行安定，"安之者必将有道也"。升高官，得殊荣，是人之所喜，但智者都惊满盈，得高官、殊荣反而忧虑。

除此之外，放低姿态还表现在与自己地位相当的人交往的时候。当一个人身处优势时，如果别人一奉承，就马上陶醉而喜形于色，这就会无形中加强别人的嫉妒心理。所以，面对同事或者朋友的赞许，应做到谦和有礼、虚心，这样不仅可以显示出自己的君子风度，还能博得同事对你的敬佩。在办公室里，言谈中多一些谦虚的话，就能有效地减弱同事们的嫉妒心理。

一个低调、谦虚、不骄不躁的人才是团队中真正受欢迎的人，只有这样的人才会得到大家的信任和支持，而大家的信任和支持是一名员工在团队中有所发展并对公司有所贡献的前提。

低调做人是一种境界、一种修炼、一种体悟，它要求人们不但要在心态上调整好自己，更重要的是要在行为上放低姿态、保持低调，只有这样才能真正走好自己的人生之路。